本書『エネルギー自立型建築』に間違いがありましたので、お詫びして訂正いたします。

ページ	行、図番号ほか	誤	正
032	後から3行目	事業継続計測	事業継続計画
047	図1-16	Reducation	Reduction
068	図2-3右側	太陽光地	太陽光
069	8行目	二〇〇〇二年	二〇〇二年
071〜073	図下段	HVAC jounal	HVAC Journal
087	表3-2 太陽熱利用設備の合計	（左から） 25,537 42,474 57,573	25,320 42,211 57,268
098	表3-8/3-9の民生部門	MJ	MJ/年
115	図4-2	床幅射冷房	床輻射冷房
149	図4-17下図の対応番号	❷初期投資額…	❶初期投資額…
		❸光熱費削減額	❷光熱費削減額
		❹メンテナンス増額	❸メンテナンス増額
185	図6-2 Model2010の上段	1,373	1,388
185	Model2015の上段	1,167	1,166

建築・都市の低炭素化への取組み

建築・都市の低炭素化をめざし、近年［二〇〇〇年以後］、省エネルギー建築、サスティナブル建築が実現しています。ここに、日建設計による代表的な「環境親話型」作品から大きく郊外型、都心型に分けて紹介します。これら都心型のCO_2排出量は、東京都の事務所ビルの平均値［二〇〇五年度］と比較すると四〇パーセント程度の低減を達成しています。

＊

日建設計では、価値ある社会資産として世代を超えて受け継がれる建築とまちづくりについてのメッセージを「環境親話」として、一九九〇年代のはじめから発信しつづけています。

財団法人慈愛会　奄美病院［二〇〇三年竣工　鹿児島県名瀬市］

［郊外型］

地球環境戦略研究機関（IGES）
［二〇〇二年竣工　神奈川県葉山町］

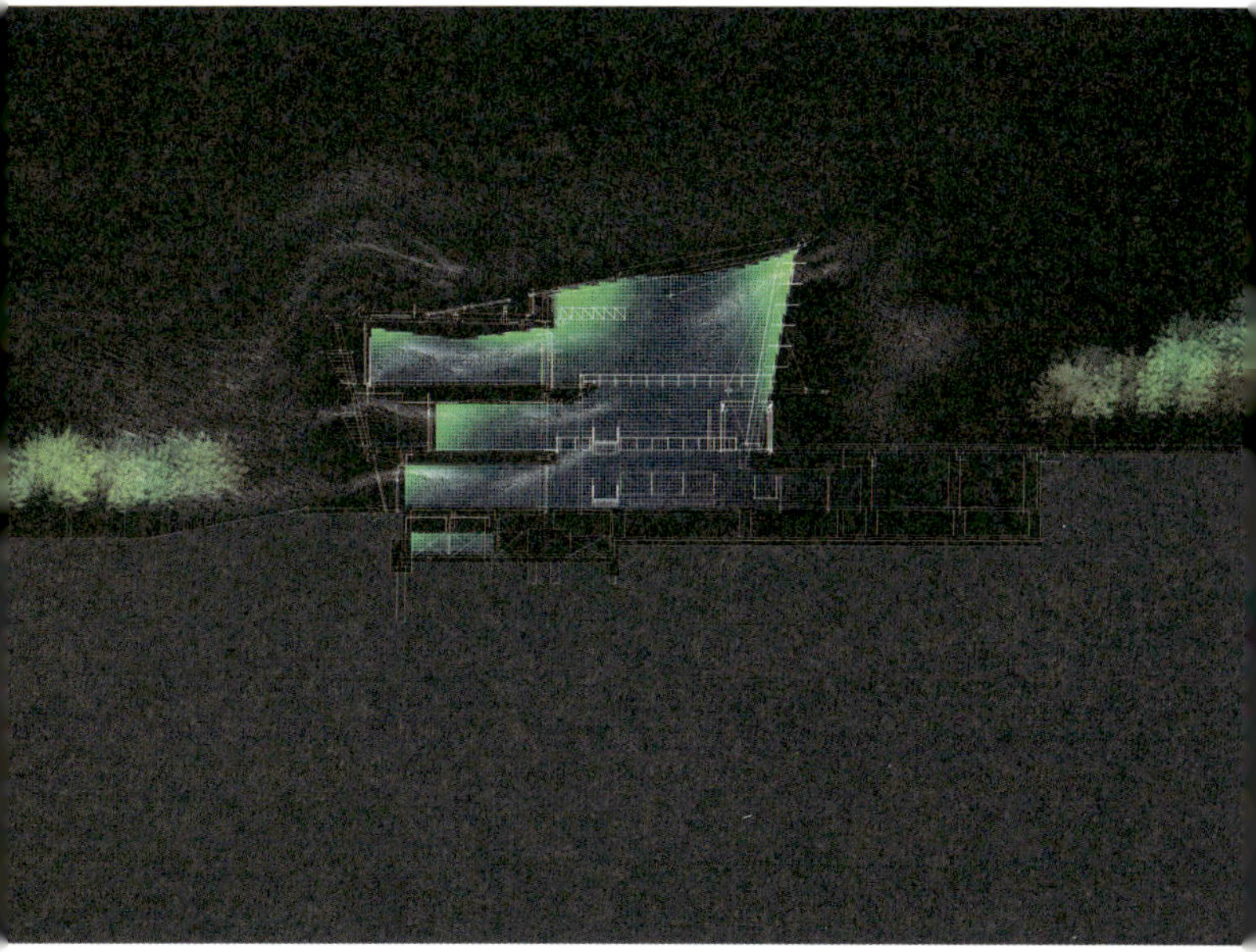

［環境・空間シミュレーション図］
「光と風をコントロールする表面形状」により、海からの風の流れを取り込み、
ライトシェルフで西日を制御している。

［郊外型］

トヨタ自動車　本館［二〇〇五年竣工　愛知県豊田市］　総合地球環境学研究所［二〇〇五年竣工　京都市］

［都心型］

東北電力　本店ビル［二〇〇二年竣工　宮城県仙台市］

関電ビルディング［二〇〇四年竣工　大阪市］

日建設計東京ビル［二〇〇三年竣工　東京都千代田区］

［都心型］

泉ガーデン（二〇〇二年竣工　東京都港区）

［環境・空間シミュレーション図］
執務空間の平均的な風の流れに加え、重力換気を利用した
「ボイドコア」へ風を導くことで超高層での自然換気を実現。

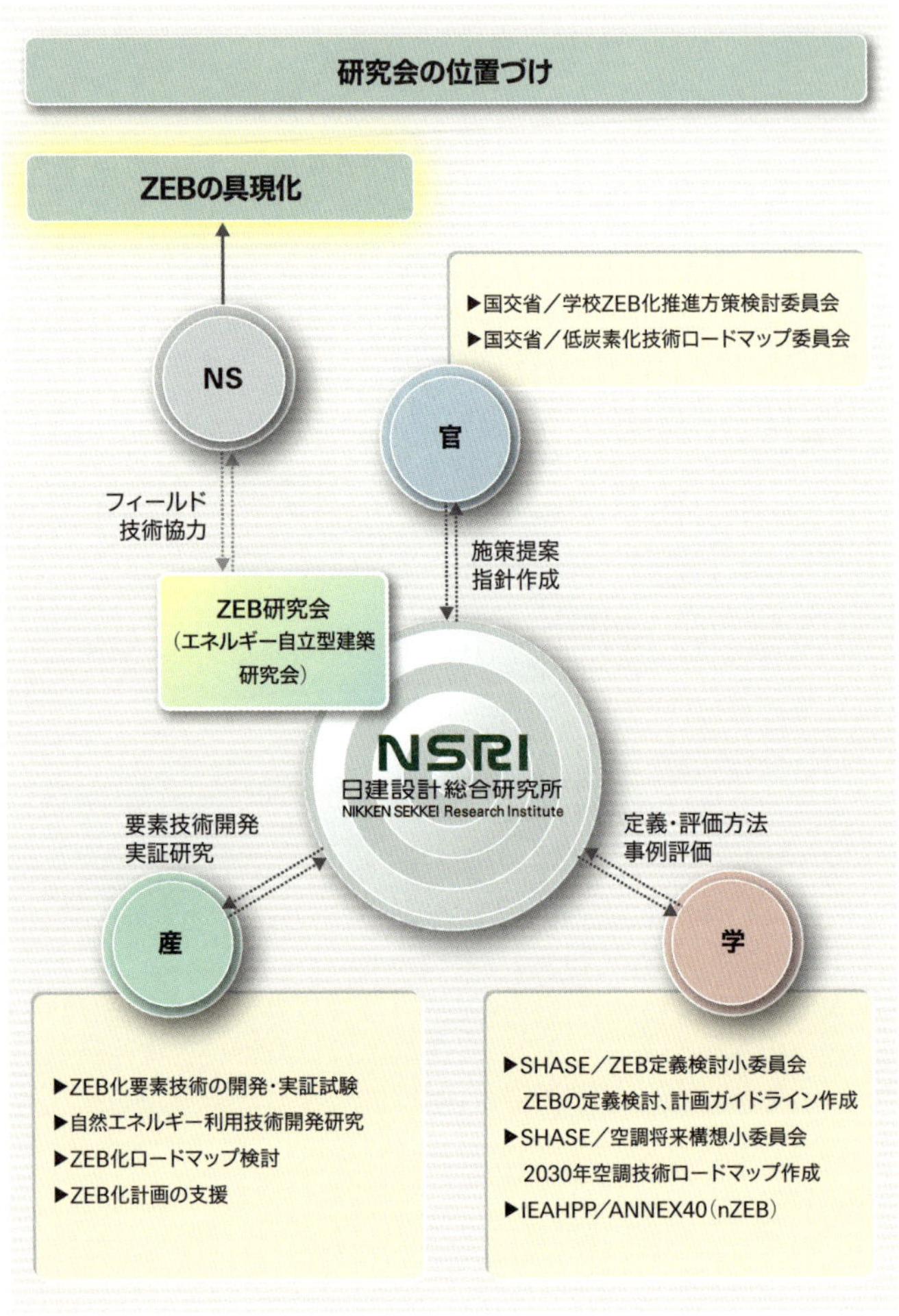

＊ZEBとは「ゼロ・エネルギー・ビルディング」の略称。
持続可能な地球環境のために、
ZEBの具現化は世界的な潮流となっています。

NSRI選書
001
持続可能な低炭素都市を支える
エネルギー自立型建築
丹羽英治
「NSRI」日建設計総合研究所●監修・著
工作舎

［刊行に寄せて］

建築に未来はある

田辺新一

日本ではバブル崩壊以降、新しい建築や大規模改修は贅沢だと思われる世の中になっている。箱物《はこもの》はもういらないなどと批判されることも多い。もちろん、不要な箱物を無計画に建設することは決して褒められたものではない。そのような背景からか建築学科への入学希望者も低迷しており勢いはない。建築に日本の未来や夢を見つけにくくなっているのではないかと思う。自分の仕事が社会から必要とされていないのであれば、人間はいくら収入が高くても働き続けることが難しい。その収入さえ決して高くはなくなっている。

『摩天楼』のゲーリー・クーパーや『タワーリング・インフェルノ』のポール・ニューマンは、めちゃくちゃ格好良かった。日本でも『ひとひらの雪』の津川雅彦はもてた。かつてドラマでも建築家は花形であったが、最近は阿部寛の『結婚できない男』など、どうも建築家にとっては分が悪い。まあ、阿部寛はローマの浴場建築家にも扮したりするのでドラマだといえばドラマだが、社会状勢を反映したものであることは間違いないだろう。

愚痴はこの程度にしておきたいが、本当に住宅やビルを建設することは無駄で駄目なことなのだろうか。自分自身は決してそうとは思わない。それは太古の昔から、住むために建築が必要とされてきたからだ。よく考えられていない建築はいらないということだろう。環境面からみると、住宅や建築分野からの温室効果ガス排出は地球全体の約四割を占めるほどになっている。これは解決しなければならない。一方で、必要な建築はきちんと造るべきだとすると、その解決のための糸口は建築の低炭素化しかない。

国連によると二〇三〇年までに六〇パーセント、二〇五〇年には世界人口の七〇パーセントが都市に住むと予測されている。日本ではすでに八四七〇万人が都市に住んでいる。これは日本の人口の六六パーセントに当たる。世界の代表的な巨大都市、東京の特徴はどのようなところにあるのだろうか。日本全体の温室効果ガス排出割合は産業部門四〇パーセント、運輸部門二二パーセント、業務部門二二パーセント、家庭部門一六パーセントであるが、東京都のみでみるとこれとは大きく異なる。実に業務部門からの温室効果ガスの排出割合が四一パーセントを占めるのである。一方、産業部門はわずか四パーセントに過ぎない。これは、地価が高く、環境規制も厳しい東京からは重厚長大産業がすでに逃げ出していることを意味する。東京都の温室効果ガスの排出量は日本全体の八・四パーセントであるが、業務部門のみでは日本の一九パーセントも占める。

それでは都市は、どのような産業で成り立っているのであろうか。農耕社会では農地が生産の場であった。狩猟社会では狩り場や海洋が生産の場になる。産業革命によって安く高品質で物を作れるようになると工場がその主役になる。その工業社会について行けない人間が皮肉として描かれたのが、チャーリー・チャップリンの『モダン・タイムズ』であろう。工場では生産性を上げるために様々な機械化や工夫が行われた。人間も機械のようにスピードを上げて生産性を上げようとして、それについて行けない様をチャップリンはコメディーとして描いた。そして、現在の都市化の時代に産業として重要なのは知識となっている。何を考えるか、アイデアこそが重要になっている。

半導体工場ではクリーンルームが用いられるが、清浄度を上げることによって製品歩留まりを高くしようとする。間違っても、工場労働者に清浄度はまあまあで歩留まりを上げるように努力しろと本末転倒な暴言を述べる経営者はいないだろう。ところが、知識社会における生産の場であるオフィスではそれがまかり通る。快適とはほど遠い室温、悪い空気質、異常な人員密度など、これでも経営者は働けと主張する。モチベーション（達成動機）が高ければ、環境が劣悪でもある程度の仕事は出来るが、これは長続きをしない。また、疲れる。

この新しい知的生産性が高い場所の建設を駄目だというのはおかしなことだ。もちろん、超低炭素化されるのが条件だ。東京には年間石油換算エネルギー使用量一五〇〇キロリットル以上の大規模事業所が約一四〇〇事業所ある。一方、中小規模事業所は約七〇万。大規模と中小規模事業所の数は圧倒的に異なるが、数では〇・二パーセントの大規模事業所が業務部門と産業部門の温室効果ガスの四〇パーセントを排出している。そのため、東京都の大規模事業所への温室効果ガス削減義務は厳しいようであるが、世界の都市のグリーン化の模範となるためには、対策が絶対に必要な分野なのである。

二〇一一年三月一一日の東日本大震災は多くの教訓を我々に残した。東京は地震による直接被害は少なかったが、原子力発電所、火力発電所事故による電力需給の逼迫は、都市のエネルギーに対する脆弱性を示すことになった。そして二〇一一年の夏は一五パーセントの節電が求められることになった。結果として、東京電力管内で一八パーセントの節電が実際に行われたのは驚異的であった。節電に関するオフィスワーカーの意識をアンケート調査したところ、実に九六パーセントの人が節電を意識しているか、意識が高まったと答えている。しかし、節電対策された自社オフィスに関して、どのように思うかと質問したところ七二パーセントの人が、非常にあるいはやや不便・不都合だと感じていると回答した。この不都合が生じないように、超低炭素ビルを考えることが重要だ。そのためには我慢ではなく前向きの技術開発が必要である。

結果として、震災後のオフィスで照明電力の削減とOA機器などの内部負荷の削減が行われた。これらは、電力消費量を低減させるだけではなく、冷房用消費エネルギーも低減させた。非常に大雑把な知見であるが、照明電力消費量は震災前が20W/m^2程度であったのがLED化された最新鋭オフィスでは5W/m^2程度にまで激減している。また、PCのノートパソコン化やコピー、プリンターの省エネ制御ソフトなどで20W/m^2程度から10W/m^2ぐらいまで半減している。内部負荷の減少で冬季に寒くなったオフィスも出現しており、建築外皮の性能がますます重要になっている。内部負荷が小さくなることによって、放射空調、自然換気、昼光利用などの機会が増加するだろう。

自動車産業に係わる人達は、車はエネルギーを消費するし危ないので、もういらないと考えるだろうか。もちろん、電車や公共交通機関で補える部分もあるだろう。しかし、移動するという人間の要求や必要性は、未来もなくならないだろう。だから、彼らは超省エネカーを造り安全性を向上させようとする。そこには、罪悪感はない。建築関係者に今必要なのは、知的生産性が高く環境性に優れた建築を如何に実現させるかである。ZEB（ゼロ・エネルギー・ビル）化に向けた技術開発と努力に罪悪感があってはいけない。本書では、エネルギー自立型建築に関する話題が豊富に語られている。日本に本当に必要な建築はどのようなものかを本書のようにしっかりと説明して行くべきである。

二〇一三年八月二〇日

［たなべ・しんいち　早稲田大学理工学術院建築学科・教授］

エネルギー自立型建築――持続可能な低炭素都市を支える［目次］

［プロローグ］——持続可能なまちづくりのために

日本の伝統的な家屋には、「夏のしつらえ（設え）」、「冬のしつらえ」というものがあります。

夏のしつらえでは、簾戸《すど》によって風通しを確保し、冬のしつらえでは障子や襖によって断熱性を高めます。簾《すだれ》は朝夕の日射を遮る役割、障子には光を拡散させて室内に取り込む役割もあります。

また、建物の形状や自然に生じる温度差を利用して、通風力を高める工夫も随所に見られます。京町家に見られるような奥庭と中庭の温度差を利用した自然通風のしくみは、その代表的なものです。

これらはいずれも、化石エネルギーに多くを頼ることなく、夏を涼しく、冬を温かく、快適にすごすための先人たちの知恵と工夫の結晶であり、今日、私たちが持続可能な都市や社会を考えるうえでの重要な示唆を与えてくれます。

❖

日本の近代建築においても、「自然換気」と「自然採光」は重要なデザイン要素であり続けてきました。しかし、高度経済成長期を経て、電力需要の増大、冷房負荷の増大などによって、しだいに空調や照明の化石エネルギーへの依存が高まり、今では、日本のエネルギー需要の五〇パーセントが、住宅およびビルの空調や照明で消費されるまでになっています。その結果、資源の枯渇や地球温暖化、都市のヒートアイランド化など、深刻な問題を引き起こしていることはいうまでもありません。

さらに、二〇一一年の東日本大震災以後、原子力発電所停止にともなう電力供給力不足、計画停電や節電要請等は、化石エネルギーや原子力エネルギーに依存してきた日本のエネルギー供給構造の問題を浮き彫りにし、日本のエネルギー構造の根本的な見直しが迫られる結果となりました。

代替エネルギーとして、太陽光や地熱などの再生可能エネルギーが注目され、再生可能エネ

日本の伝統的な家屋の一例。

ルギーによって日本のエネルギー自給率を向上させることが、今後の我が国にとって大切な生きる術であるということが、広く認識されるまでになってきました。

また、これまで以上に災害に強い建築計画やまちづくりが求められ、再生可能エネルギーによる持続可能な低炭素都市づくりが、強く要請されるようになったことを実感します。

❖

一方、建築設計の分野では、一九七〇年代のオイルショック以後、「省エネルギー建築」、「環境共生建築」、「グリーンビルディング」、「低炭素型建築」、「サスティナブル建築」等、よび方はさまざまですが、一貫して、エネルギー資源保護と地球温暖化防止をうたった建築の取組みが継続されてきました。近年では、高齢化と人口減少が避けられない今後の状況をかんがみ、持続可能な都市、社会の実現のためにも、建築レベルでの取組みが重要であるという認識が強くなってきました。

二〇〇八年の経済対策閣僚会議合同会議において、「建築物のゼロ・エミッション化」が議論され、それを受けて経済産業省の「ZEB（ゼロ・エネルギー・ビル）の実現と展開に関する研究会」が発足し、建築物のゼロ・エネルギー化に向けての取組みが開始されました。ZEBというのは、再生可能エネルギー等によって、ビルのエネルギー消費量を正味でゼロにしようというものので、本書のタイトルである「エネルギー自立型建築」は、まさにこのZEBを指向した建築です。

❖

私たちは、二〇〇八年頃から「ゼロ・カーボン建築」（二酸化炭素排出量を限りなくゼロに近づける建築）についての研究を開始しました。経済産業省のZEB研究会が発足する以前です。その後、米国や経済産業省の動向に呼応して、「ZEB（ゼロ・エネルギー・ビル）」についての国際動向や技術的な課題の抽出などを行ってきました。そして、二〇一一年の東日本大震災後、われわれ日建設計総合研究所のメンバーを中心としたZEB研究会を設け、欧州の動向調査や実現可能性試算などを実施、その後、研究会名を「エネルギー自立型建築研究会」と改称し、建築のエネルギー自立の必要性についての研究を継続してきました。本書は、それらの成果を、「持続可能な低炭素都市を支えるエネルギー自立型建築」のデザインメソッドとしてとりまとめたものです。

第1章

省エネルギー建築から
エネルギー自立型建築へ

1.1——日本の省エネルギー建築の変遷

まず、日本の省エネルギー建築の変遷をたどってみましょう。日本の伝統的家屋から、一九〇〇年代前半の近代建築を経て、一九七三年のオイルショック以後の省エネルギー建築、一九八〇年代後半からの環境調和型建築。さらに一九九七年の地球温暖化防止京都会議（COP3）以後の省CO_2建築、近年のサスティナブル建築に至るまでを、時代を追ってふれていきます。

◉伝統的日本家屋にみる省エネルギーの手法

化石エネルギーを十分には使えなかった伝統的な建築では、パッシブ建築、すなわち自然を受け入れるかたちの建築とすることが基本でした。「自然との共生」、「自然エネルギーの利用」などによって、化石エネルギーの消費ゼロで美しい建築空間を創造、維持してきたのです［写真1-1］。これらは、現代の建築計画に対しても貴重なヒントを与えてくれます。

❶——室内環境の変動を享受する

伝統的建築では、室温等は変動することが前提でした。その変動を楽しんですらいたのです。現代においても室内環境の変動を許容すれば、自然エネルギーへの依存範囲を大きくすることができます。

❷——徹底して負荷を抑制する

伝統的建築では、内部負荷はほぼゼロでした。したがって、日射を遮へいすることによって、屋外からの日射熱の侵入を抑制すれば、夏の暑さも換気だけでしのぐことができました。現代建築でも、このように冷房負荷を源から断つことが大切です。

❸——自然エネルギー利用により室内環境を形成する

自然通風や自然採光によって、化石エネルギーに依存しないで良好な室内環境をつくりだすことがあたりまえでした。打

[**写真1-1**] 日本の伝統的家屋に見る省エネルギーの手法。
徹底した負荷抑制と自然エネルギー利用により「化石エネルギー消費ゼロ」を実現していた。

ち水による蒸発潜熱を利用しての涼の取り方も広く見られました。自然エネルギーをいかに上手に利用して快適な室内環境を形成するかは、現代建築においても相変わらず重要なテーマであり続けています。

❹——天然素材を活用する

壁・屋根・床などの材料は天然材を用いることが基本でした。最終的には「土に還る」素材を用い、廃棄物フリーを実現していたのです。現代の資源や廃棄物問題の解決の糸口はここにあります。

◉近代建築にみる省エネルギーの手法

一九〇〇年代、鉄筋コンクリート建築の普及により、建築物の大型化が始まり、建築外皮面積に比較して建築内部容積が肥大化していきました。その結果、内部発熱は増大し、自然採光、自然換気の比率は低下、すなわち、自然エネルギーによる生活が困難な状況が生じました。ほぼ同時期に照明用電球、冷房用機器が開発され、大型建築は電気などの人工エネルギー主体の運用に移行し始めました。

二〇世紀後半になると、電気エネルギーの安定供給、蛍光灯の普及等が急速に(十年で約四倍)進みます。それにより、自然換気、採光等の自然エネルギーの利用を考慮した、天井高が高く、奥行きの浅い建築は減少し、天井高の低い、奥行きの深い、言い換えれば、容積効率のきわめて高い高層建築が主流となっていきます。

一九五〇年代後半からは建築用の大面積ガラス(フロート板ガラス)が普及し、建築外壁に大開口を設けた、開放的な建物の実現が可能となりました[写真1-2]。これに呼応するように、[写真1-3]に示すような太陽直射を遮へいし、熱負荷の低減をはかる庇、ルーバー、ライト・シェルフなどの技術開発が進みました。

◉オイルショックと省エネルギー建築

建築が大型化する一九七〇年代、開放的な環境を提供する方法として、オフィスビルにおいてアトリウムの普及が進みました。アトリウムと

[**写真1-2**] 1966年に竣工した東京・千代田区のパレスサイドビル。大きな窓ガラスが、皇居の緑とお濠に面して明るく開放的。
[**写真1-3**] 1957年に竣工した神戸市庁舎。外壁に大開口を設け、太陽直射を遮へいするルーバーを備えている。

は、建物の内部に設けた吹き抜けのことをいい、内部に光をとりこむことができます。マンションでは光庭とよばれているものです。奥行きの浅いオフィスは開放的でかつレイアウト上も使い勝手が良いことから、奥行き一五〜二〇メートル程度が理想とされており、大型建築においてこれを実現するためにはアトリウムが効果的だったのです［図1-1］。

この発想を進めて、新宿NSビルに見るような、外壁開口を小さくし、アトリウム内側を開放的にした、中庭方式の高層ビルが建設されました［写真1-4］。熱的には外皮負荷を低減し、アトリウムを自然環境の緩衝空間として換気、採光に利用した省エネルギー手法でした。同時に、空調設定温度に幅を持たせ、一定の範囲においては人工エネルギーを使わない、ゼロ・エナジーバンド制御の概念も導入され、自然エネルギーと人工エネルギーとの共存が図られるようになりました［図1-2］。

また、一九七〇年代には、二度にわたるオイルショックにみまわれます。エネルギー危機が叫ばれ、建築においても大規模な省エネルギーが要求される事態となります。これに対応するために、冷房設定温度を二八℃にする、照度を四〇〇ルクスに抑える、照明器具単体にプルスイッチを設けるなどの省エネルギー対策がとられました。これは、快適性をある程度犠牲にした、我慢する省エネルギー対策として、いわば緊急避難的な方式であったといえます。

一九八〇年代後半になると、大気汚染、地球温暖化等の長期的視野に立った環境問題が提起

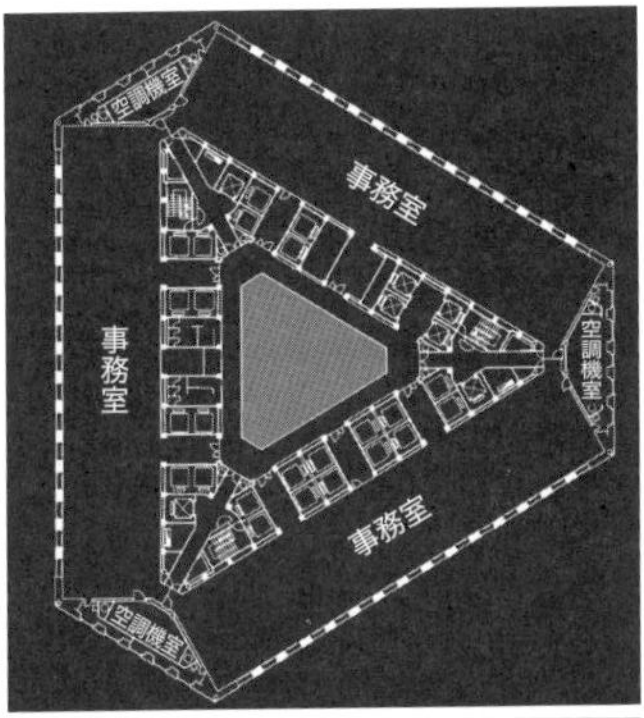

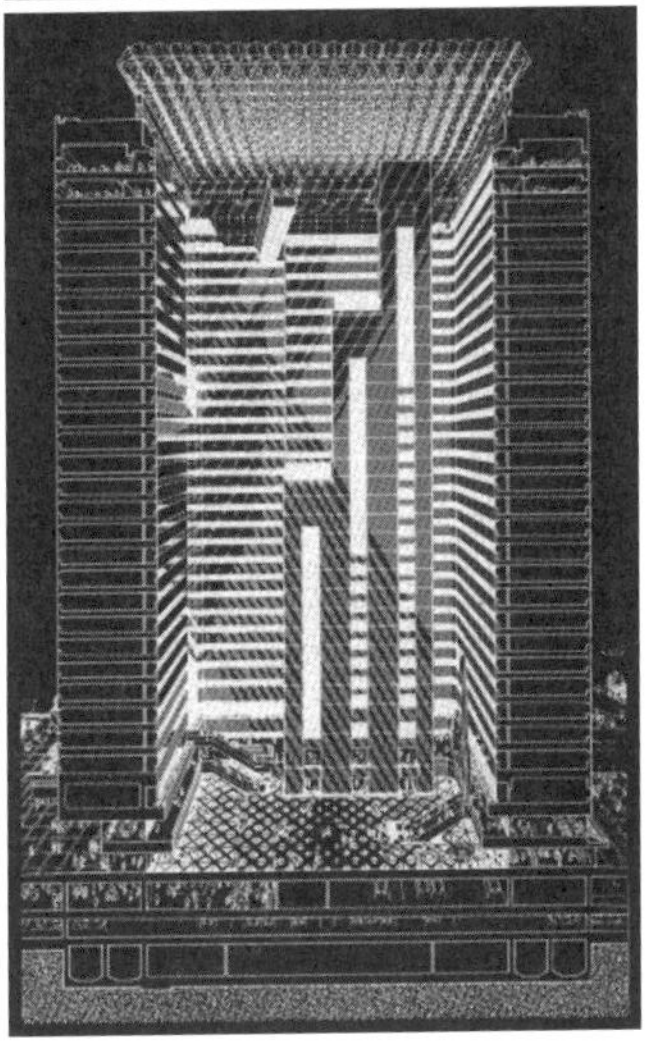

［**図 1-1**］(**右上**) 東京・西新宿の高層ビル街に建つ新宿住友ビル（1974年竣工）。地上52階・地下4階、愛称「三角ビル」の中央部はアトリウムになっている。

［**写真 1-4**］(**左上**) 新宿NSビル（1982年竣工）の小さな外壁開口により、熱的には外皮負荷を低減している。

［**図1-2**］(**右下**) 巨大アトリウムを示す新宿NSビルの断面図。アトリウムを換気、採光に利用し、自然エネルギーと人工エネルギーの共存をはかる。

され、建築における省エネルギー手法も、環境を配慮した、持続可能な自然エネルギー共存型に移行していきます。

◉持続可能な開発と環境親話型建築

国連人間環境会議（一九七二年）に設置されたブルントラント委員会の報告書の中で、一九八七年、「持続可能な開発」（サスティナブル・ディベロップメント）という言葉が使われ、地球環境保全の重要性が認識されるようになりました。建築分野においても、できる限り地球環境にインパクトを与えない「環境調和型建築」デザインが試みられるようになりました。熱や日射をうまくコントロールし、自然エネルギーを利用することで、できるだけ化石エネルギーを使わずに快適な室内環境を維持しようという試みです。

［図1-3］は、一九九〇年頃に計画された琵琶湖近くに建つ研究所の宿泊室の計画例です。落葉樹や深い庇で日射をうまくコントロールし、自然通風で良好な室内環境を維持するとともに、地下水や地熱を使って、化石エネルギーをできるだけ使わずに快適な室内環境を維持しようという計画がなされています。

このような建築は、「環境調和型」あるいは「環境親和型」建築とよばれています。日建設計では、この「親和」をあえて「親話」と読み替え、「環境親話型建築」を提唱しました。本書の

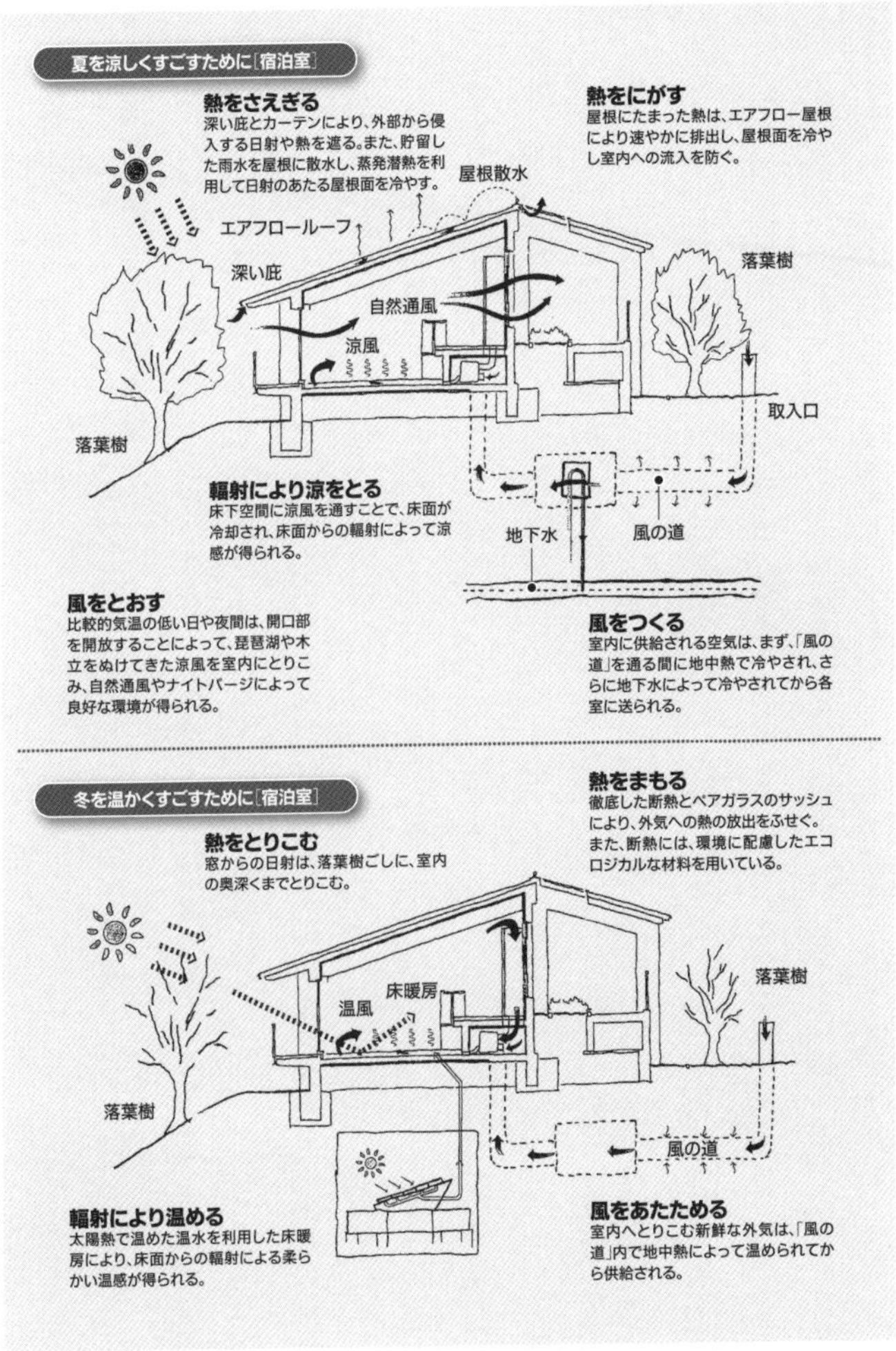
夏を涼しくすごすために[宿泊室]
熱をさえぎる
深い庇とカーテンにより、外部から侵入する日射や熱を遮る。また、貯留した雨水を屋根に散水し、蒸発潜熱を利用して日射のあたる屋根面を冷やす。
熱をにがす
屋根にたまった熱は、エアフロー屋根により速やかに排出し、屋根面を冷やし室内への流入を防ぐ。
屋根散水
エアフロールーフ
深い庇
自然通風
涼風
落葉樹
落葉樹
取入口
輻射により涼をとる
床下空間に涼風を通すことで、床面が冷却され、床面からの輻射によって涼感が得られる。
地下水
風の道
風をとおす
比較的気温の低い日や夜間は、開口部を開放することによって、琵琶湖や木立をぬけてきた涼風を室内にとりこみ、自然通風やナイトパージによって良好な環境が得られる。
風をつくる
室内に供給される空気は、まず、「風の道」を通る間に地中熱で冷やされ、さらに地下水によって冷やされてから各室に送られる。
冬を温かくすごすために[宿泊室]
熱をまもる
徹底した断熱とペアガラスのサッシュにより、外気への熱の放出をふせぐ。また、断熱には、環境に配慮したエコロジカルな材料を用いている。
熱をとりこむ
窓からの日射は、落葉樹ごしに、室内の奥深くまでとりこむ。
床暖房
温風
落葉樹
落葉樹
風の道
輻射により温める
太陽熱で温めた温水を利用した床暖房により、床面からの輻射による柔らかい温感が得られる。
風をあたためる
室内へとりこむ新鮮な外気は、「風の道」内で地中熱によって温められてから供給される。

[図1-3] 環境親話型建築の例。化石エネルギーをできるだけ使わずに、夏涼しく、冬暖かくすごすための工夫がなされている。

テーマも、この「環境親話型建築」のメソッドを多分に受け継いでいます。

●地球温暖化防止と省CO_2建築

「気候変動に関する政府間パネル（IPCC）」の第二次評価報告書（一九九五年）では、産業革命以降の一〇〇年間に全地球平均気温が〇・三〜〇・六℃上昇したとされています。第四次評価報告書（二〇〇七年）では、その上昇の主因が人間の諸活動による温室効果ガス排出量の増加である可能性が非常に高いとされました。

わが国の温室効果ガス排出量は、二〇一一年の確定値（二〇一三年四月発表）では一九九〇年比（京都議定書における基準年）の三・七パーセント増に留まっています。しかし、業務その他部門（事務所、商業、サービス等）においては五〇・九パーセント増、家庭部門では四八・一パーセント増と、他の部門に比べて顕著な増加傾向を示しており、それらの低減が喫緊の課題となっています。

建築に由来する温室効果ガスは、設計、施工、維持・管理、運用、改修、解体、廃棄等の全活動において排出されますが、運用、つまり使用しているときのエネルギー消費によるものが大半を占めています。一九九七年の地球温暖化防止条約（COP3）以後、建築のライフサイクルにおける温室効果ガス（$LCCO_2$、ライフサイクルCO_2）の削減が注目されるようになりました。

長寿命化、リサイクル材料の使用、建築物の軽量化等さまざまな手段を講じた省CO_2建築が試みられるようになりました。近年では、「持続可能な建築」という意味で、「サステイナブル建築」と呼ばれています。

●省エネルギー建築、サスティナブル建築の現状

近年（二〇〇〇年以後）竣工した代表的な省エネルギー建築、サスティナブル建築の例［写真1-5］［写真1-6］を本書巻頭ページでも紹介しています。大きく都心型建築と郊外型建築に分けられます。それらの一次換算エネルギー消費原単位を比較したものが［図1-4］です。単純平均で64kgCO_2/m^2年という数値は、東京都の事務所ビルの平均値105kgCO_2/m^2年と比較すると、四〇パーセント程度少なくなっています。

［写真1-5］（上）日建設計の作品より。代表的な「郊外型」の環境親話型建築。
［写真1-6］（下）同じく、代表的な「都心型」の環境親話型建築。

［図1-5］は、東京都地球温暖化対策計画書（二〇〇五年度）のデータを用いて作成した東京都建築物のCO_2排出量のプロット図です。CO_2排出量は、一次エネルギー消費量に換算係数を乗じて算出していますので、縦軸をエネルギー消費量で描いても同様の図になります。

事務所ビルの平均値は105kgCO_2/m²年、商業施設の平均は158kgCO_2/m²年です。一方、図中に、代表的な環境親話型建築のCO_2排出量をプロットしてみました。「環境親話型建築」のCO_2排出量は、たしかに平均値に比べて四〇パーセント程度削減されており、省エネルギー建築、サスティナブル建築と呼ぶにふさわしいかもしれませんが、残りの六〇パーセント程度は化石エネルギーに依存しているわけで、「エネルギー自立」できるレベルには達していないのが実情です。「エネルギー自立」に至るには、さらなる省エネルギーと再生可能エネルギーの導入が不可欠であることがわかります。

本書のタイトルである「エネルギー自立型建築」については、次章で詳しく述べますが、簡単に言えば、これらの「環境親話型建築」の省エネルギーレベルをさらに向上させ、そのうえで再生可能エネルギーを導入して、できる限り「エネルギー自立」に近づけようというものです。

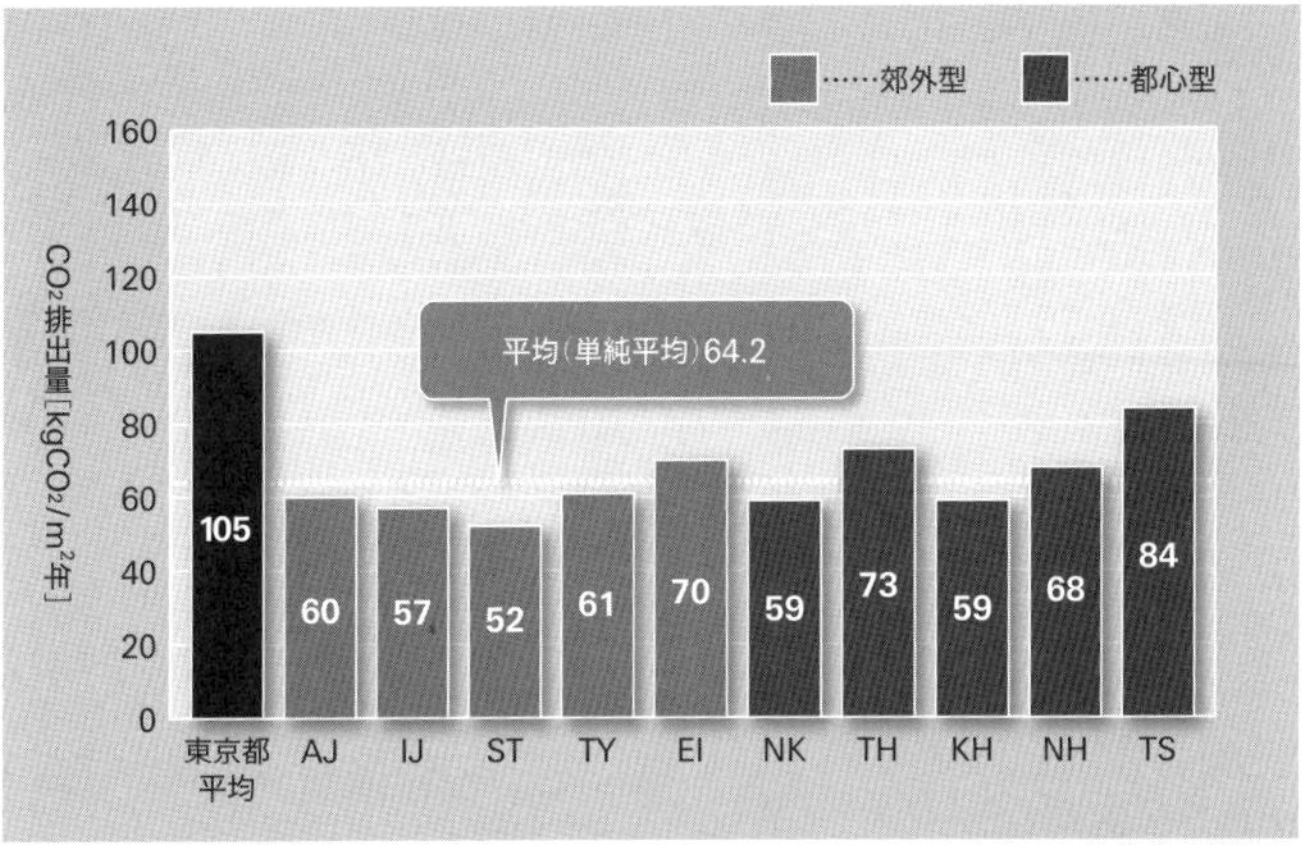

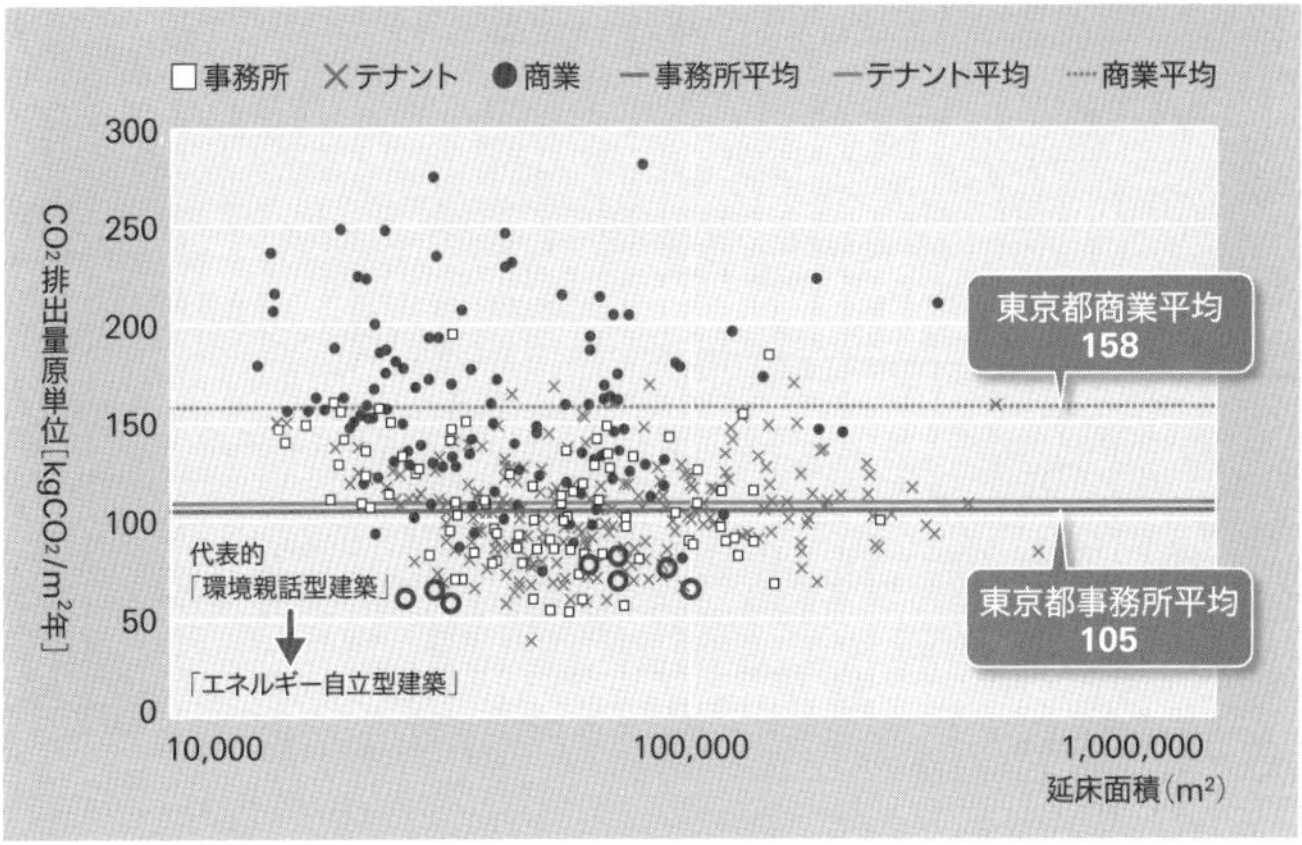

[**図1-4**] 代表的な環境親話型建築のCO_2排出量

東京都平均105kg CO_2/m^2年に対し、環境親話型建築の平均は64.2kg CO_2/m^2年である。

[**図1-5**] 東京都建築物のCO_2排出量（平成17年度）

代表的な環境親話型建築は、平均値に比べて少ないレベルにはあるが、「エネルギー自立型」に至るには更なる省エネルギーが必要であることがわかる。

1.2——日本のエネルギー事情とエネルギー自立の必要性

地球規模の環境問題、そして東日本大震災により日本の大きな課題となったエネルギーセキュリティ問題、今こそ、再生可能エネルギーによりエネルギー自給率を高める必要があります。ここでは、これらの日本のエネルギー事情とエネルギー自立の必要性について、近年のデータを参照しながら概説することとします。

●日本の抱えるエネルギー問題

日本の抱えるエネルギー問題には、いくつかの側面があります。地球温暖化防止やエネルギー資源保護という観点から、CO_2排出量の抑制、化石エネルギー使用の抑制という二〇世紀から引き継いだ大きな課題があります。さらに、二〇一一年三月一一日の東日本大震災以後、エネルギー・セキュリティの観点から、原子力エネルギー依存からの脱却、エネルギー自給率の向上といった新たな課題や問題が加わってきました。

とりわけ、災害時の電源確保は、東日本大震災以後、企業のBCP（事業継続計測、ビジネス・コンティニュイティ・プランニング）や日常生活の切実な問題としてクローズアップされるようになりました。また、近年の周辺諸国との領土問題等によって、日本のエネルギー・セキュリティの重要性やエネルギー自立の必要性をあらためて認識した人は多いのではないかと思います。二〇一二年の衆議院総選挙で、原子力発電の是非や再生可能エネルギーへの転換政策が争点となったのは記憶に新しいところです。

一方で、東日本大震災以後、節電意識や省エネルギー意識の高まりによるライフスタイルやワークスタイルの見なおしがなされたことも、希望的な状況の変化として見逃せません。

●CO_2排出量とエコロジカル・フットプリント

エネルギー消費に起因するCO_2の発生が地球温暖化に大きく影響していることが、IPCCの報告書等で明らかにされています。人口ひとりあたりのCO_2排出量が地球温暖化対策の評価指標となるのもうなずけます。

[図1-6]は、世界の主要国の人口ひとりあたりのCO_2排出量(二〇〇八年)を示します。日本は、ひとりあたり年間約一〇トンのCO_2を排出しています。これは、アメリカ、ロシア、英国に次いで世界第四位(二〇〇八年現在)、世界平均の二・五倍に相当し、かなり高い水準にあることがわかります。

一方、CO_2排出量だけではなく、その他の水資源や食料などを考慮して、地球環境の持続性をあらわす指標として「エコロジカル・フットプリント」という興味深い指標があります。現在の地球全体の文明活動を持続可能とするためには、地球一・二個が必要という試算結果があります。［図1-7］は、エコロジカル・フットプリントを主要国別に試算したものです。アメリカ文明を地球全体で維持するためには、地球が五個以上必要ということになります。日本はアメリカの半分ですが、それでも二・四個分必要というのですから、このままではとうてい持続可能な社会とは言い難い状況にあります。

●部門別一次エネルギー消費量

日本のCO_2排出量は、そのほとんどすべてがエネルギー消費に起因します。したがって、エネルギー消費量を減らすことはCO_2排出量を減らすことに通じます。

［図1-8］は、オイルショック（一九七三年）以後のGDP（国内総生産）と一次換算エネルギー消費量の伸びを示します。一九七三年比でGDPは二・三倍、一次換算エネルギーは一・九倍と、GDPの上昇にともなって一次エネルギー消費量が増加していることがわかります。

ただし、エネルギー消費の部門別にみてみると、産業部門が〇・八倍とむしろ減少しているのに対して、家庭部門、業務部門は二・四倍となっており、全体のエネルギー消費量上昇の主要因であることがわかります。家庭部門というのは住宅でのエネルギー消費、業務部門は主に業務用ビルでのエネルギー消費であり、ビルや住宅でのエネルギー消費量の増大が、いかに日

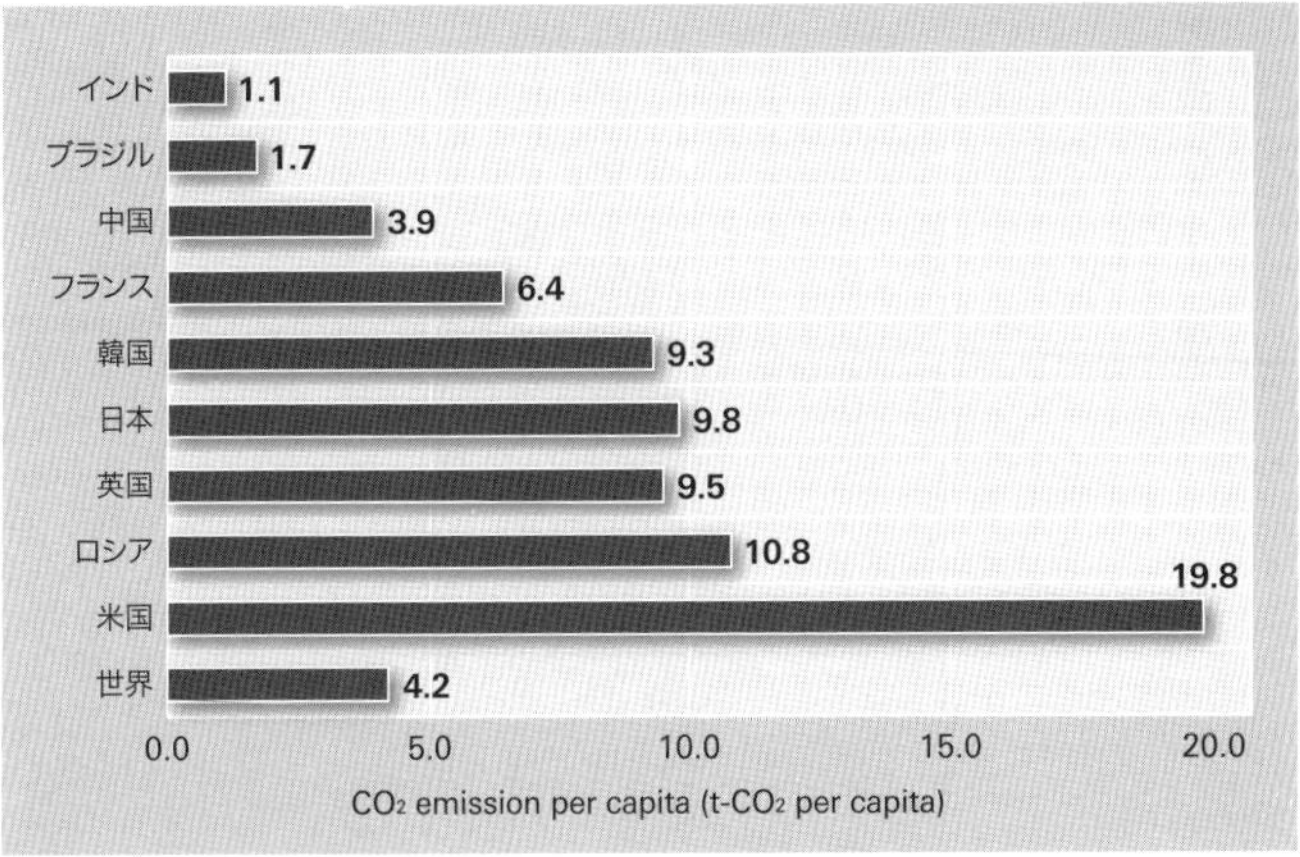

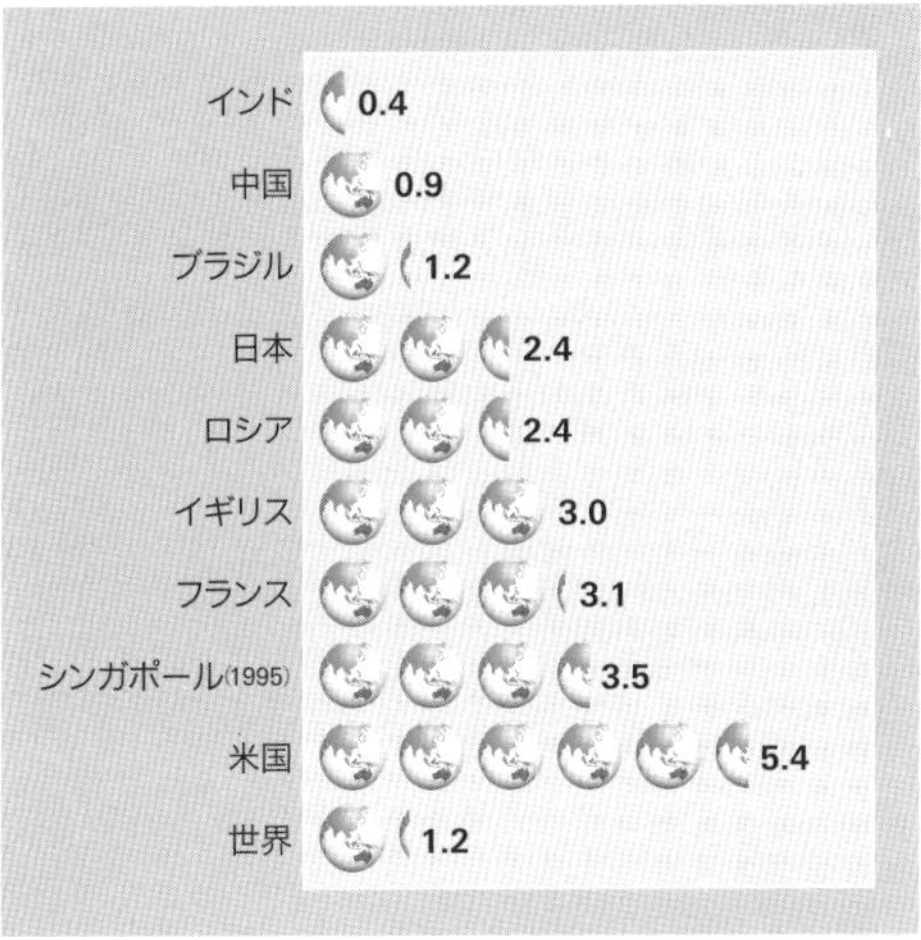

［**図1-6**］主要国の人口ひとりあたりCO_2排出量（2008年、日本エネルギー経済研究所）
日本はひとりあたり年間10トンの二酸化炭素（CO_2）を排出している。
［**図1-7**］主要国のエコロジカルフットプリント（2002年）
アメリカ人の暮しを地球全体の人がするには、地球が5.4個必要。

本のエネルギー問題を深刻化しているかがわかります。業務ビルや住宅における、エネルギー消費量の削減こそが急務なのです。

●化石エネルギーへの依存率

［図1-9］は、日本のエネルギー消費量をエネルギー源別に積みあげたものです。

現状（二〇〇九年）では、石油、石炭、天然ガスといったいわゆる化石エネルギー源が全体の八二パーセントを占めています。日本のエネルギーが、化石エネルギーに依存しているといわれる所以です。

なお、二〇〇九年時点では、原子力への依存率は一二パーセントで、それ以外の非化石エネルギーは六パーセントでしたが、その後、東日本大震災以後の原子力発電所の停止にともない、一二パーセント部分のほとんどが化石エネルギーで代替された結果、化石エネルギー源への依存がますます高まる結果となりました。こうした背景が、再生可能エネルギーに対する人々の期待を高めていることはいうまでもありません。

●エネルギー自給率

日本は化石エネルギーのほぼすべてを輸入に頼っており、化石エネルギーに依存することは、

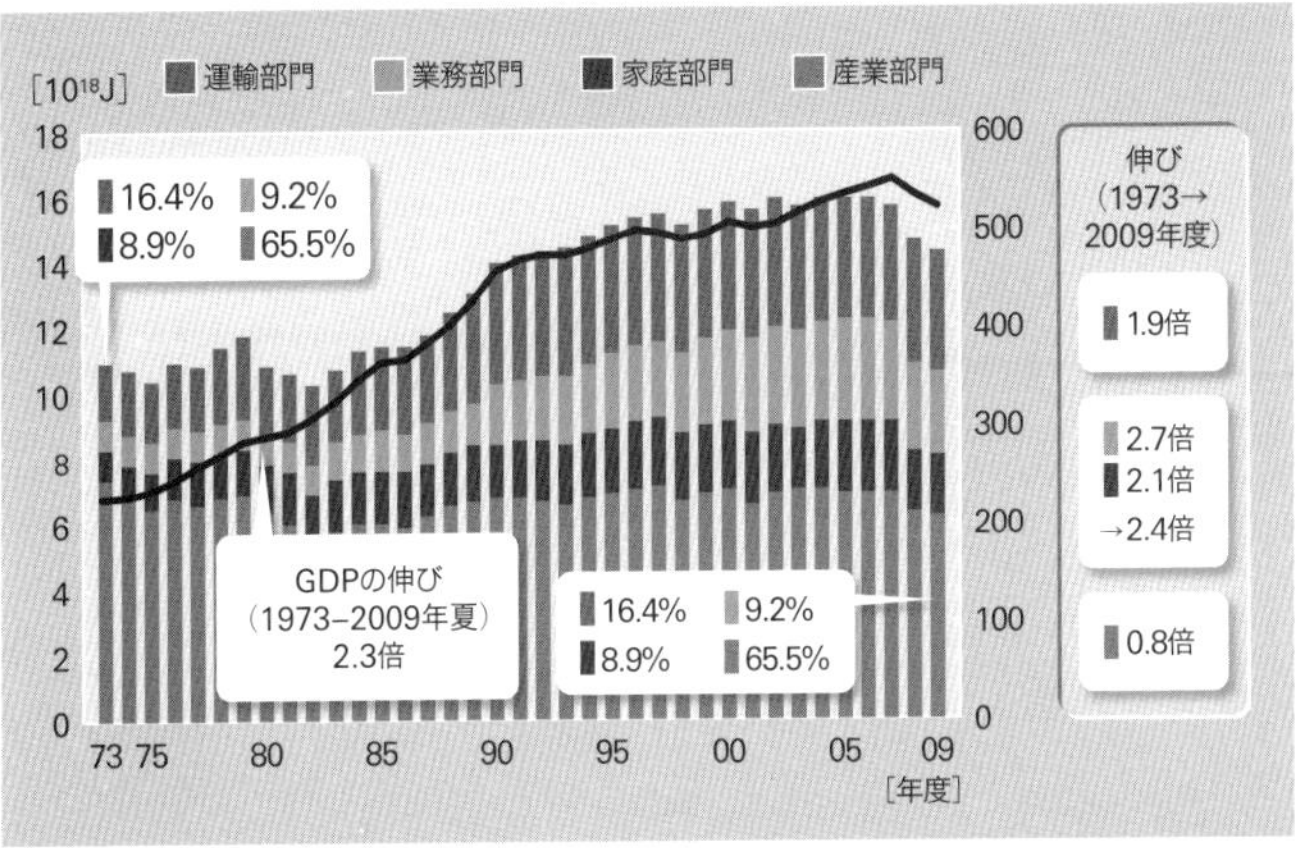

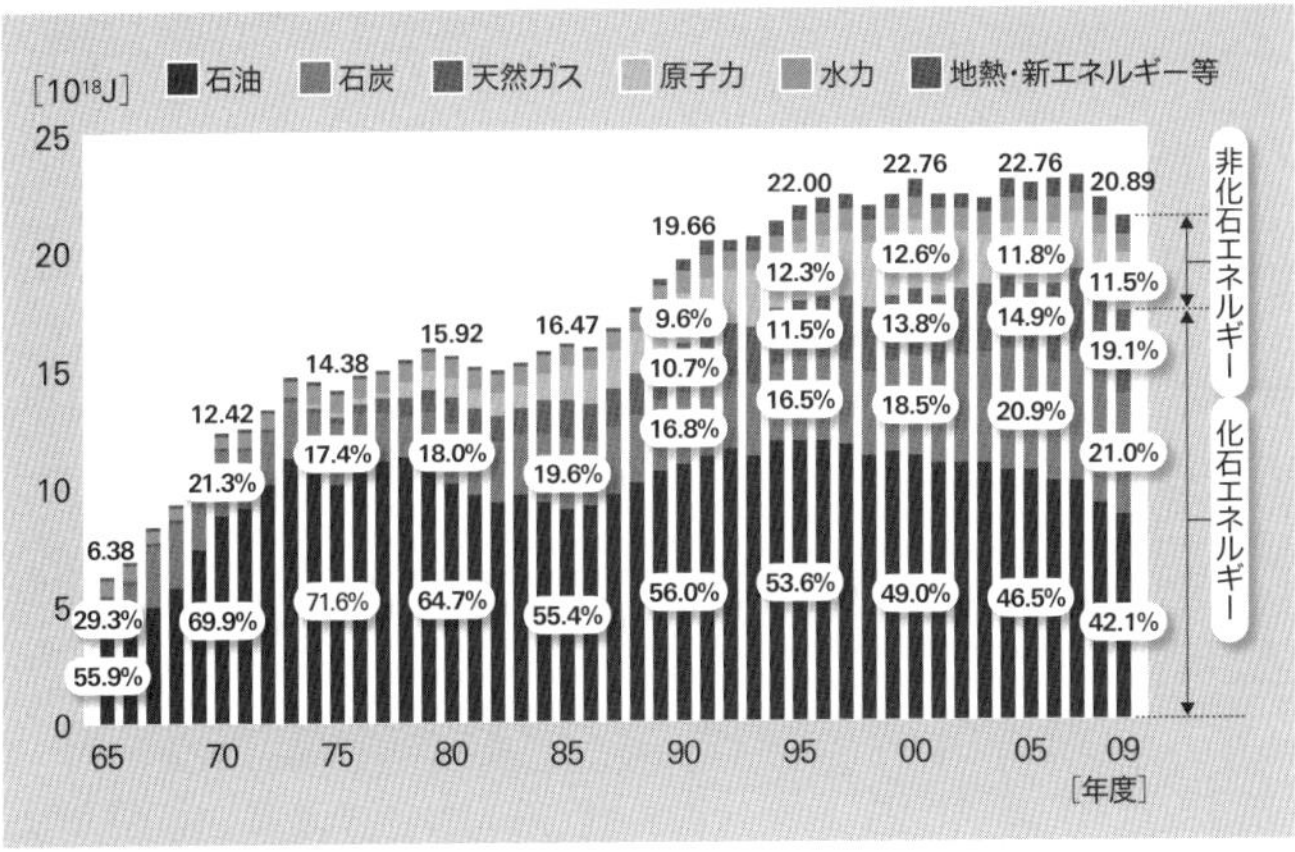

[**図1-8**] 日本の一次エネルギー消費量の推移
(経済産業省 資源エネルギー庁 エネルギー白書2011)
業務部門、家庭部門の伸びは2.4倍(1973年比)。
[**図1-9**] 日本の一次エネルギー消費量の構成(同上)
2009年の構成は、化石エネルギー84%、原子力12%、その他6%であった。

日本のエネルギー自給率を低下させることになります。

［図1-10］は、一九六〇年以後の日本のエネルギー源構成と自給率の変化を示しています。一九六〇年には六〇パーセント程度であったエネルギー自給率が一九七〇年代には一〇パーセントをきるレベルに低下し、原子力発電を加えても二〇パーセントに満たない状況にあります。二〇〇八年には、原子力発電所を除くと自給率はわずか四パーセントにまで低下しました。

［図1-11］は、その自給率四パーセントの内訳を示します。水力が約三〇パーセント、太陽光や地熱といった再生可能エネルギーは一六パーセント程度で、全体の〇・六パーセント程度（4%×16%）にすぎません。これらのトレンドを見ていると、長期的な視野でのエネルギー自給率向上の方策が必要であることがわかります。

●エネルギー・セキュリティ

二〇一一年の東日本大震災での原子力発電所の停止や、二〇〇九年以後に顕著化した周辺諸国との領土をめぐる紛争等を通じて、日本のエネルギー・セキュリティの低さが浮き彫りにされ、国家レベルのエネルギー・セキュリティについても関心が高まっています。

国家レベルのエネルギー・セキュリティはさまざまな観点で評価されます。前述のエネル

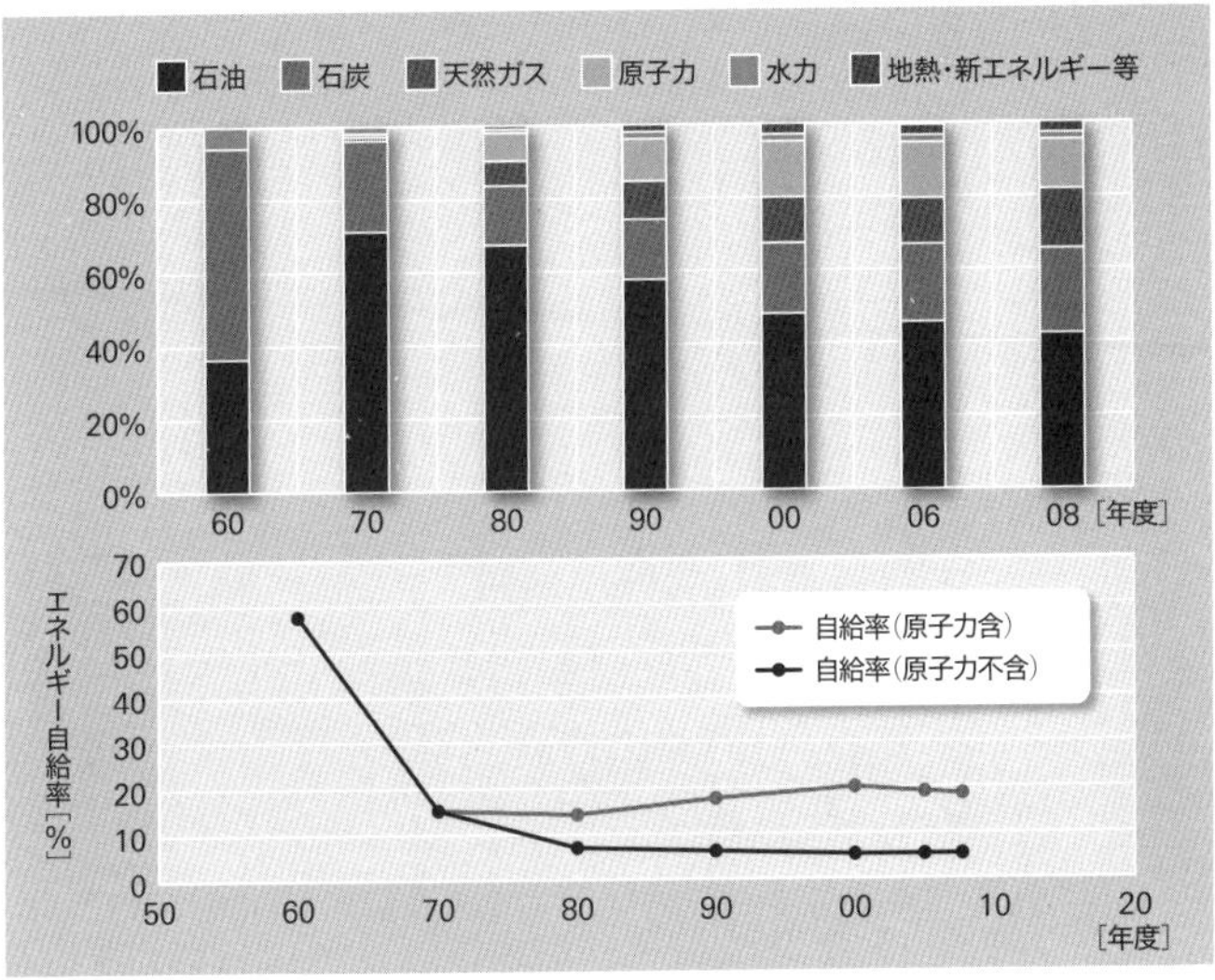

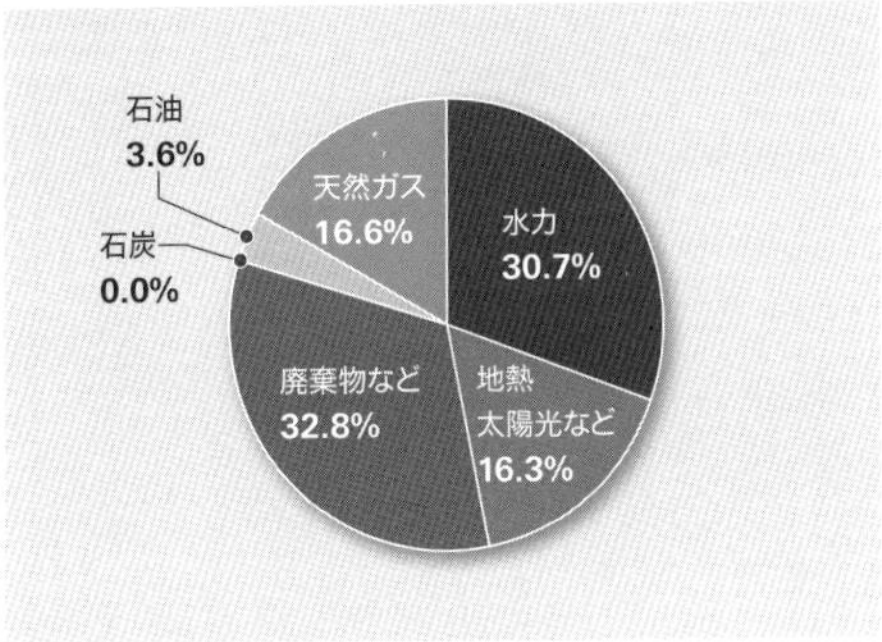

［**図1-10**］日本のエネルギー自給率の低下
（経済産業省 資源エネルギー庁 エネルギー白書2011）
日本のエネルギー自給率は、1960年の60%から2008年の4%（原子力含まず）に低下。
［**図1-11**］エネルギー自給率4%の内訳
水力が30%、地熱、太陽光等は16%程度にすぎない。

ギー自給率はもっともわかりやすいものですが、それ以外に世界紛争などによるエネルギー供給経路の途絶などを想定した、原油輸入途絶時の対応日数、原油輸入経路のチョークポイント依存度などが用いられています。

それらの指標を世界主要国で比較すると、日本はいずれの指標においてもきわめて悪いことがわかります。

一方、[図1-12]は、ドイツの保険会社が報告している世界主要都市の災害リスクを示したものです。これは火山国、地震国である日本の宿命かもしれませんが、東京は世界的にみて災害リスクのきわめて高い都市であることはいうまでもありません。

このように、災害リスクが高く、エネルギー・セキュリティの低い日本が生き残るためには、少しでも、化石エネルギーや原子力への依存から脱却し、再生可能エネルギーによりエネルギー自給率を高める必要があります。

●持続可能な低炭素都市を支える建築のあり方

一九八七年に提唱された「持続可能な開発」(サスティナブル・ディベロップメント)の概念は、近年ではより具体的に「持続可能な低炭素都市」の実現を意味するようになってきました。持続可能な低炭素都市は、一般的に、地球温暖化防止やエネルギー問題に配慮された地産地消の資源

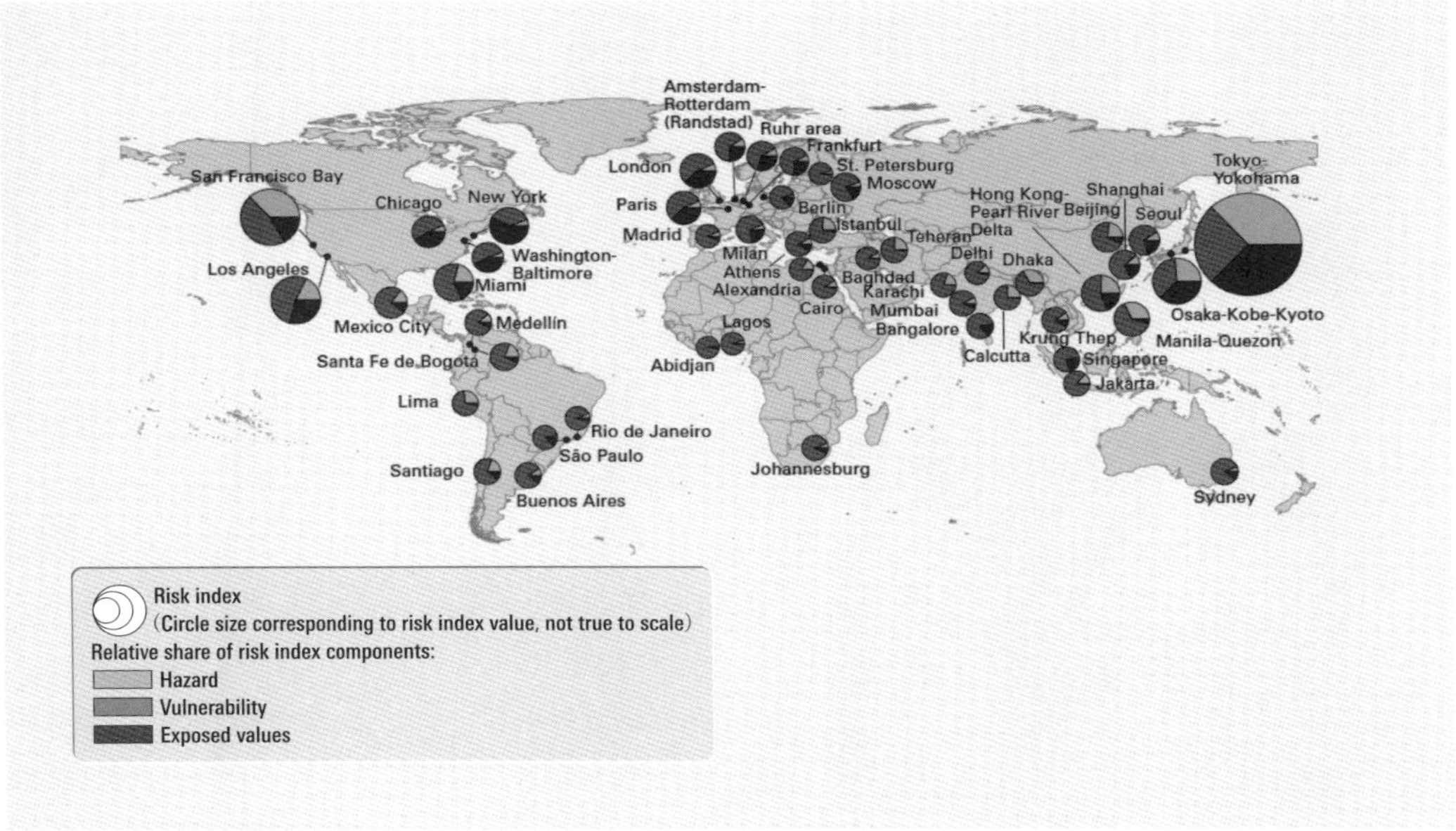

[**図1-12**] 世界主要都市の自然災害指数（ミュンヘン再保険会社のAnnual Review: Natural Catastrophes 2002）
日本は世界的に見て、自然災害リスクがきわめて高い。

循環型の豊かな都市がイメージされています。

また、災害時のBCP(Business Continuity Planning: 事業継続性) やLCP (Life Continuity Planning: 生活継続性) への配慮も求められています。〔図1-13〕は、それらをひとつのイメージとして表したものです。このように、エネルギー自立型建築は「持続可能な低炭素都市」を支える基盤と位置づけることができます。したがって、持続可能な低炭素都市を実現するためには、まずはエネルギー自立型建築の実現が不可欠なのです。

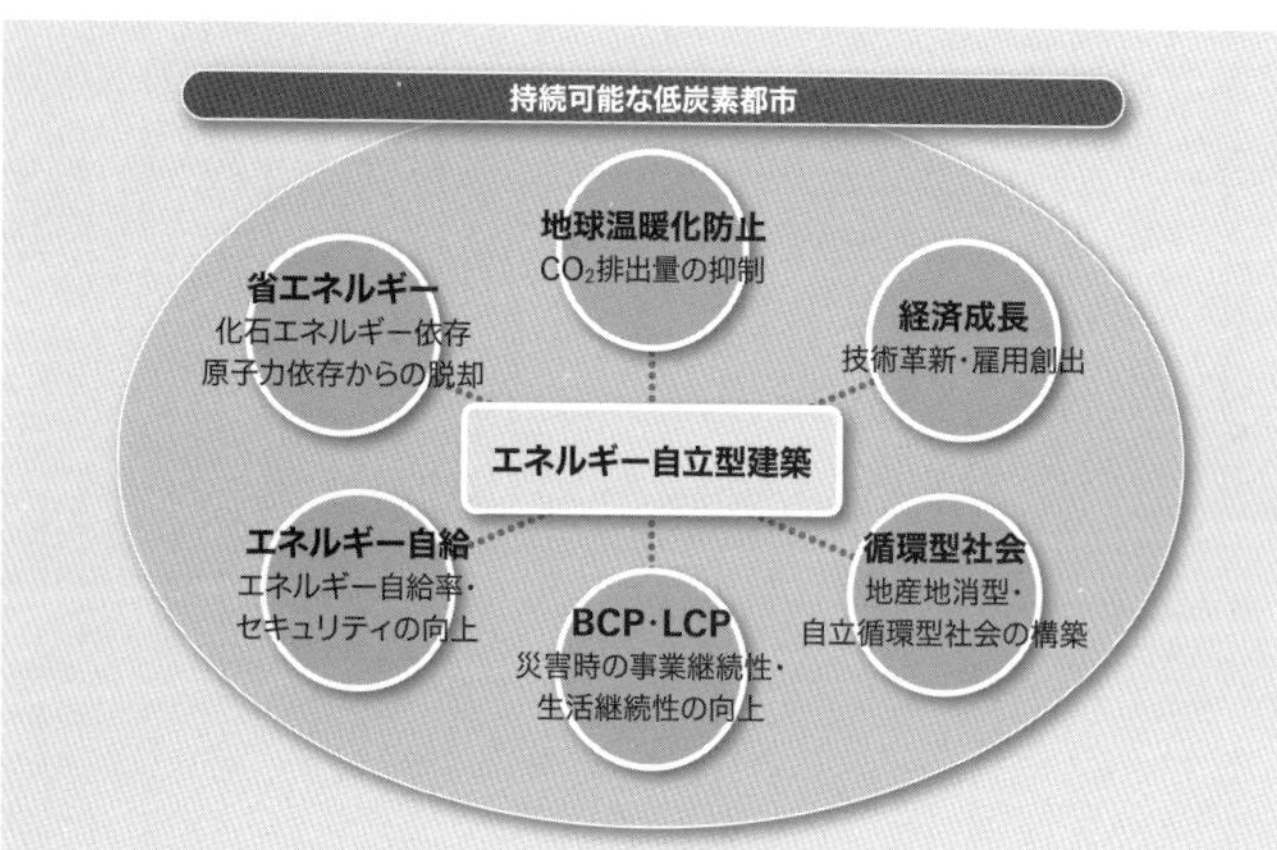

〔**図1-13**〕持続可能な低炭素都市を支えるエネルギー自立型建築

1.3――エネルギー自立型建築とは

近年、再生可能エネルギー等により建築物のエネルギー収支ネット・ゼロを目指す「nZEB」（ネット・ゼロ・エネルギー・ビルディング）の早期実現が世界的に期待されています。本書では、このような建築を「エネルギー自立型建築」と称しています。ここでは、その基本的な概念とアプローチ方法などについて述べてゆきます。

●その基本概念

［図1-14］に、「エネルギー自立型建築」の一般的なエネルギーフローを示します。このように、太陽光発電等により敷地内で生成するエネルギー量と、空調、照明、コンセント等、敷地内（あるいは建物内）で消費されるエネルギーがおおむね等しい、というのが、ネット・ゼロ・エネルギーの状態で、「エネルギー自立型建築」の基本概念となります。

このような状態にある建築を、本書では「エネルギー自立型建築」としていますが、外部とのエネルギー需給を絶った建築物ではない点に注意が必要です。それは、仮に生成したエネルギーと消費したエネルギーが等しくても、時間的にずれがあるために、外部からエネルギーをもらったり、余ったエネルギーを外部に供給したりする必要があるからです。「エネルギー自立」とはいえ、完全にエネルギー的に独立した建築になっているわけではなく、一般的な建築物に比べて、自前で生成できるエネルギーの比率が高いということにすぎません。

●アプローチ方法

つぎに、エネルギー自立型建築にアプローチする方法について考えます。

〔図1-15〕に、エネルギー自立型建築へのアプローチ方法の概念を示します。横軸が敷地内のエネルギー消費量、縦軸が敷地内で生成した再生可能エネルギー量です。四五度の斜めのラインが、いわゆるネット・ゼロというエネルギー収支がゼロになる状態を意味します。

現状のレファレンスビルに対して、まずは、建物負荷を抑制し、省エネルギー技術を導入することで、徹底的な省エネルギーをはかり、大幅な省エネルギービルを実現させます。そのうえで、太陽エネルギーなどの再生可能エネルギーを導入して、できるかぎりネット・ゼロのラインに近づけるというアプローチ方法が、私たちの提案です。

図中に示すレファレンスビル↓省エネルギービル↓エネルギー自立型建築というアプローチのプロセスをたどることが、エネルギー自立型建築を実現させるために重要であると考えます。省エネルギー建築へのアプローチなしにエネルギー自立型建築を実現しようと思うと、膨大な太陽光発電装置が必要で、当然そのための費用が莫大なものとなり、現実的なものとはな

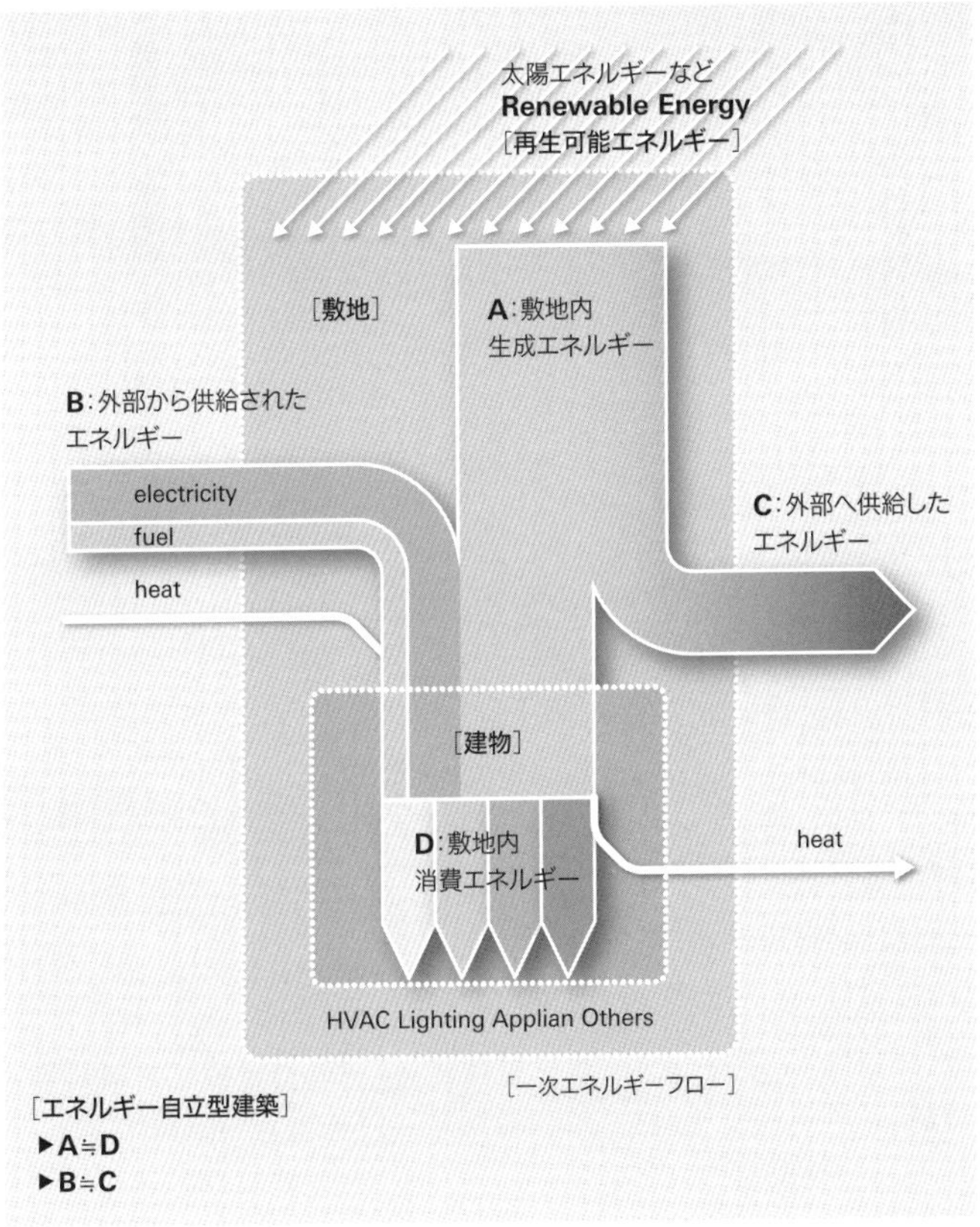

[**図1-14**] エネルギー自立型建築の概念図
敷地内生成エネルギー Aと敷地内消費エネルギー Dが、概ね等しいとき、ネットゼロエネルギーあるいはエネルギー自立と呼ぶ。このとき、外部から供給されるエネルギー Bと外部へ供給されるエネルギー Cも概ね同じとなる。

りません。

●需要側×供給側による省エネルギー

大幅な省エネルギーを達成するためには、エネルギーの需要側での取組みと供給側での取組みが求められます。需要側の取組みというのは、建物の断熱性能を高くしたり、自然エネルギーを利用できるようにしたりすることです。これに対して、供給側の取組みというのは、できるだけ効率の良いシステムや機器を採用したり、未利用エネルギーを利用して高効率化をはかったりすることです。こうした取組みによるエネルギー消費量の削減効果は、掛け算で効いてきます。

たとえば、需要側の取組みで三〇パーセント削減、供給側の取組みで三〇パーセント削減とすると、100% − 30% = 70% になるので、全体では 70% × 70% = 49% となります。需要側の取組みで五〇パーセント、供給側の取組みで五〇パーセントとすると、50% × 50% = 25% となり、大幅な省エネルギー効果を得ることができます［図1-16］。

●デザイン・プロセスについて

次に、エネルギー自立型建築を実現するためのデザイン・プロセスについて述べます。

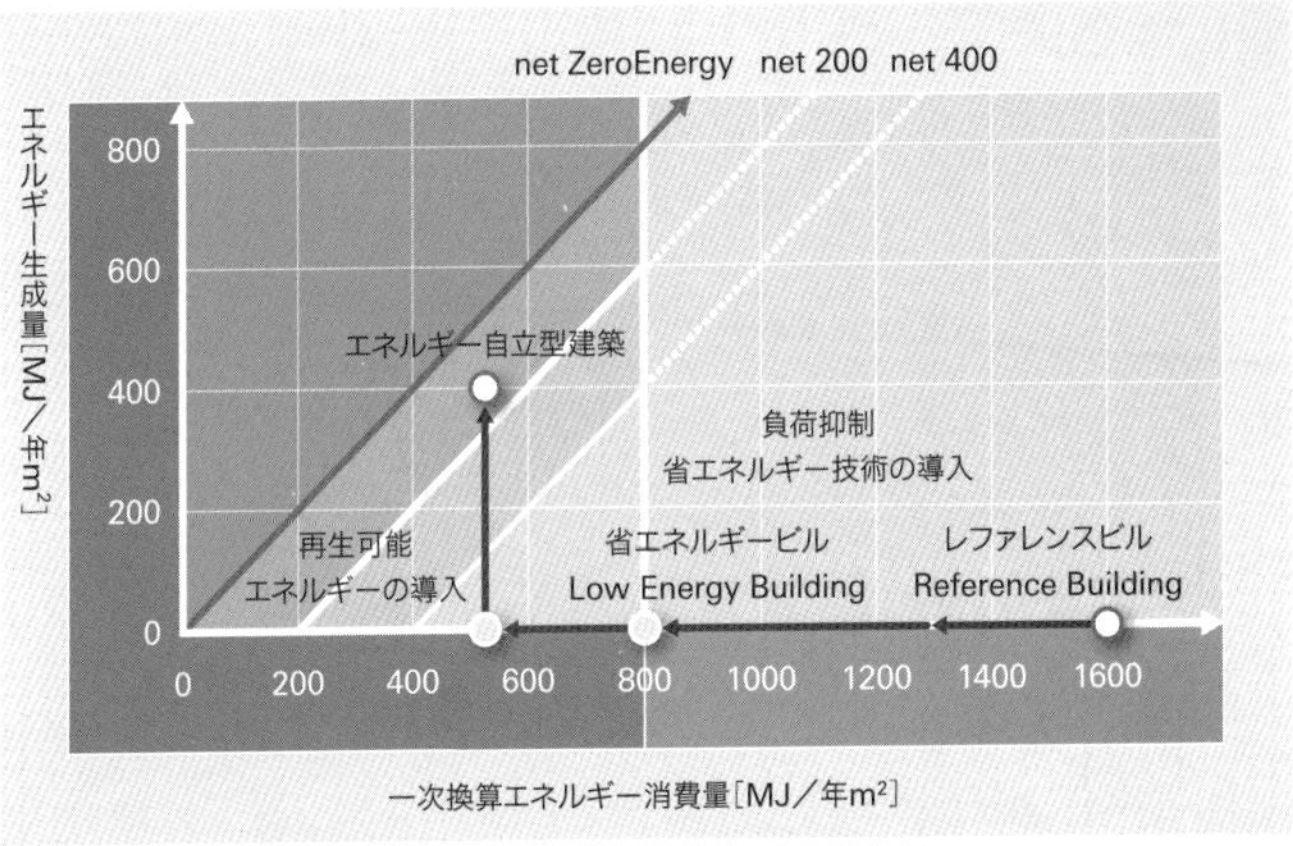

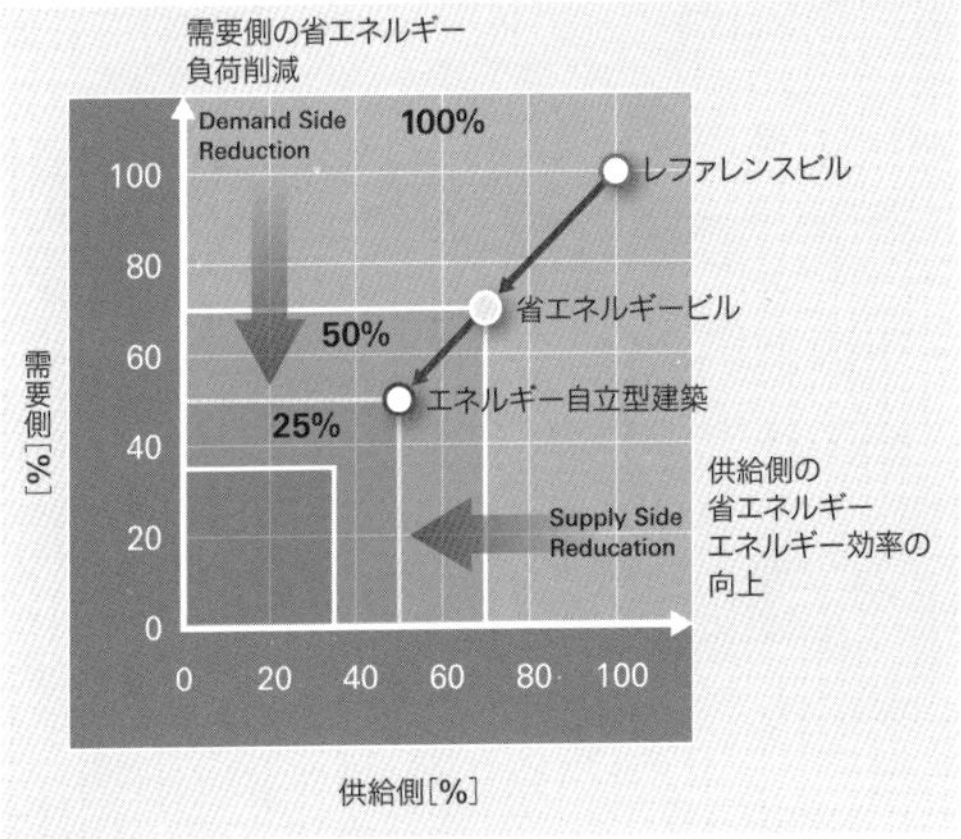

［**図1-15**］エネルギー自立型建築へのアプローチ方法
負荷抑制・省エネルギー技術を導入したうえで、再生可能エネルギーを導入し、ネットゼロエネルギーに近づける必要がある。
［**図1-16**］需要側の省エネルギー×供給側の省エネルギー効果
需要側の取組みにより50%削減、供給側の取組みにより50%削減すると、50%×50%＝25%となり、全体で75%の削減となる。

前述したように、エネルギー自立型建築の実現のためには、需要側の負荷抑制と供給側の効率向上による大幅な省エネルギーを実現したうえで再生可能エネルギーを導入する必要があります。これらをより具体的なデザイン・プロセスで示すと、［図1-17］のようになります。

このデザイン・プロセスは大きく、パッシブ・デザイン、アクティブ・デザイン、建物完成後のマネジメントで構成されます。パッシブ・デザインでは、屋外環境や屋内環境を適正に保ち、建物の負荷を抑制します。そこには、熱、光、風をうまく制御したり、活用したりするデザイン手法が求められます。また、自然エネルギーを積極的に利用することでエネルギーの使用を減らすこともできます。

アクティブ・デザインでは、高効率な設備システムを導入するとともに、周辺の未利用エネルギー（地下水や河川水の温度エネルギー等）を活用し、エネルギー消費量を最小限としたうえで、再生可能エネルギーを導入します。

さらに、エネルギー自立型建築を永く適切に運用するためには、建物の生涯にわたるライフサイクル・エネルギー・マネジメントが必要になります。また、エネルギー自立型建築は、エネルギーだけではなく、その他の資源や材料にも配慮する必要があります。

なお、二酸化炭素排出権取引など、オフサイトでの取組みも含めてゼロ・エネルギー・ビルを定義する場合もありますが、本書では原則としてオンサイトでの取組みだけを扱っています。

●エネルギー自立型建築実現のための手法

エネルギー自立型建築を実現するためには、エネルギー自立型建築のデザイン・プロセスに沿って、それぞれの段階で考えられる、さまざまなパッシブ・デザイン手法（建築的手法）、アクティブ・デザイン手法（設備的手法）を検討し、投資対効果を考えながら大幅な省エネルギーを実現する必要があります。さらに、エネルギー自立をするために必要な再生可能エネルギーをどう確保するかも重要な建築的課題のひとつです。

エネルギー自立型建築実現のためのさまざまな手法の詳細については、第4章で詳しく述べることとし、ここでは、それらの項目のみを列挙することにします。

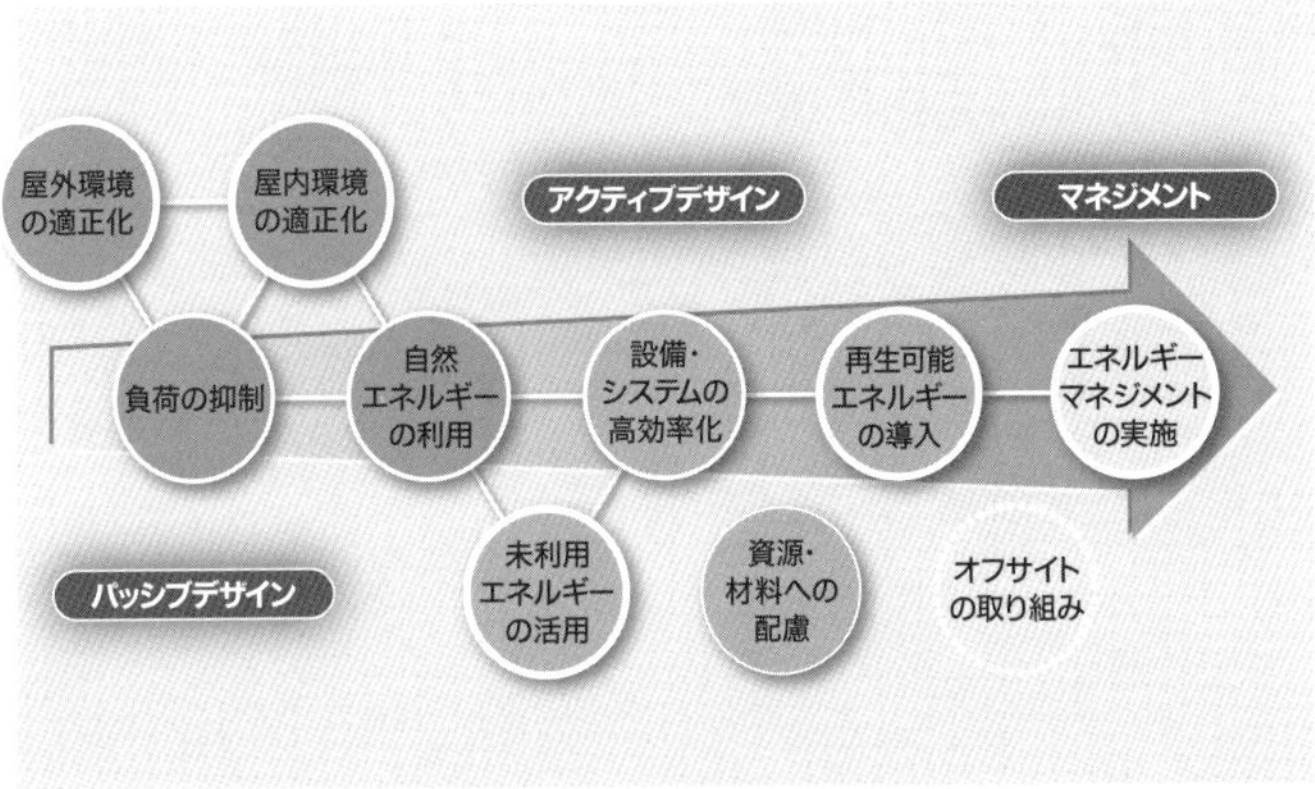

[**図1-17**] エネルギー自立型建築のデザインプロセス
パッシブデザインとアクティブデザイン、マネジメントの3つのプロセスから成る。

❶——**敷地内屋外環境の適正化**

建物配置の適正化（風通しや日照）、外構計画の適正化（緑化や水面確保等）

❷——**屋内環境の適正化**

温熱環境（温度、湿度）の適正化、光環境（照度等）の適正化、空気質の適正化など

❸——**負荷の抑制**

日射の、建物外皮の断熱強化、内部発熱の低減など

❹——**自然エネルギーの利用**

自然採光、自然換気、地中熱の利用、太陽熱の利用

❺——**未利用エネルギーの活用**

温度差エネルギー（河川水、地下水等）の活用、周辺都市排熱の活用など

❻——**設備・システムの高効率化**

照明設備、空調・換気設備、熱源設備、電気設備などの高効率化

❼——**資源・材料等への配慮**

資源（水）への配慮、材料への配慮、廃棄物の低減など

❽——**再生可能エネルギーの導入**

太陽光発電、風力発電等

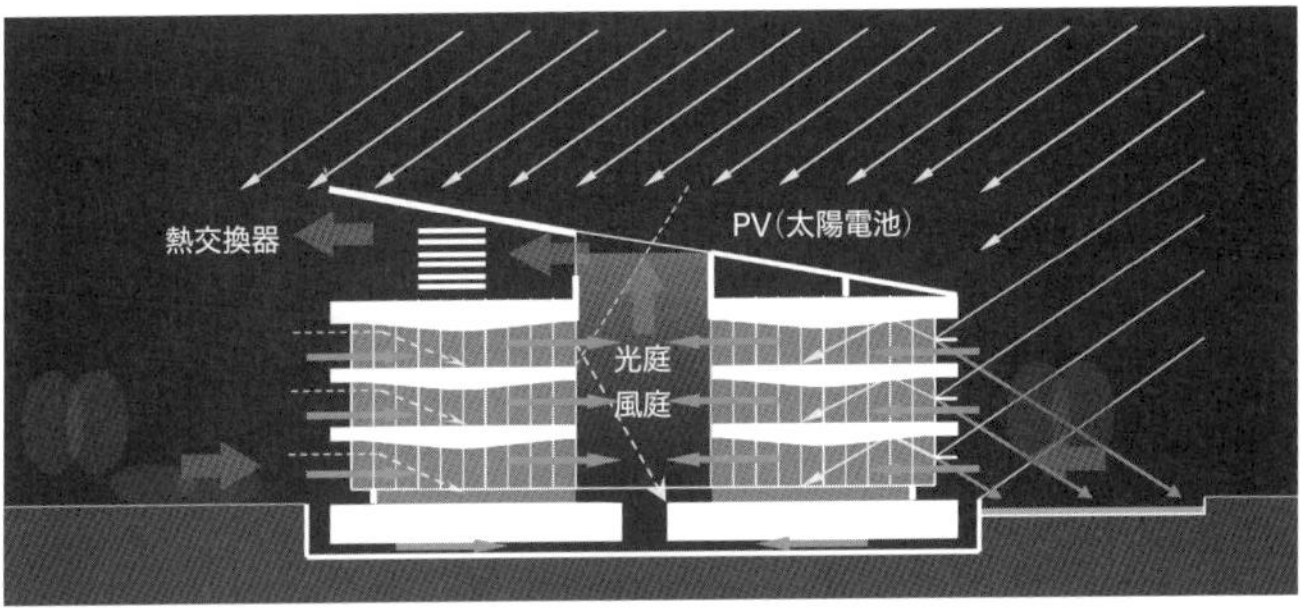

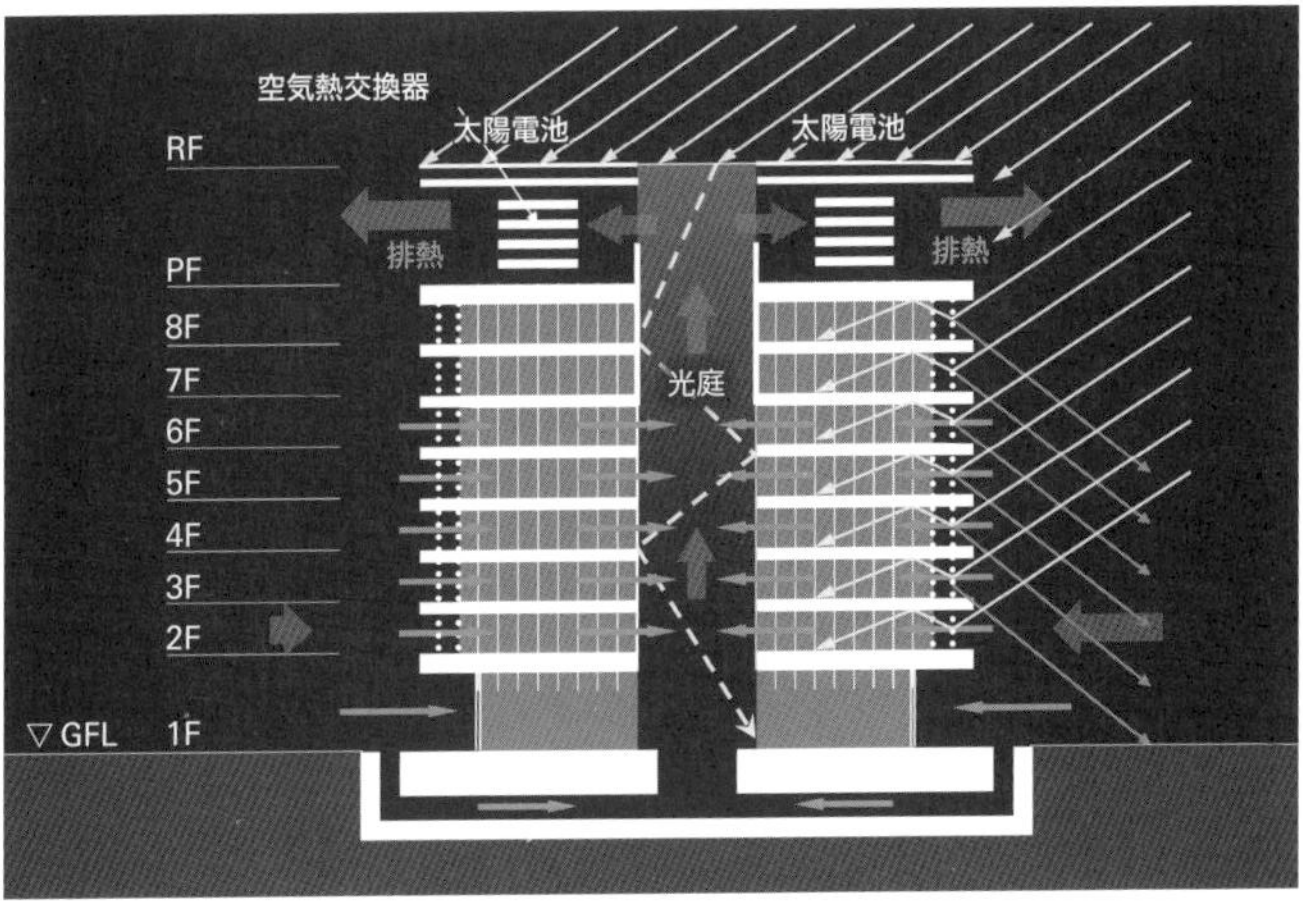

［**図1-18**］エネルギー自立型建築のイメージ（郊外型オフィス）
建築的手法、設備的手法、マネジメント手法により、エネルギー自立型建築にアプローチすることができる。
［**図1-19**］エネルギー自立型建築のイメージ（都心型オフィス）
都心型オフィスは高層建築が多いため、再生可能エネルギー量をいかに確保するかが課題である。

❾———エネルギー・マネジメントの実施

BEMS（ビル・エネルギー・マネジメント・システム）の活用、LCEM（ライフサイクル・エネルギー・マネジメント）の実施、見える化・見せる化等

●エネルギー自立型建築のイメージ

［図1-18］と［図1-19］に、エネルギー自立型建築のイメージと考えられる手法の例を示します。［図1-18］は比較的郊外に建つオフィス建築物のイメージ、［図1-19］は都心部に建つオフィス建築物のイメージを示します。比較的低層建築物が多い郊外型のオフィスは、延床面積に対して、太陽光発電パネル面積を大きく確保しやすいため、エネルギー自立が実現しやすいと考えられます。

一方、都心型では、建物の容積率が高く、高層建築が多いため、太陽光発電パネルが確保しにくいため、郊外型に比べてネット・ゼロ・エネルギー化が難しいと言えます。

エネルギー自立が比較的容易な建築物は、延べ床面積に対して屋根面積が大きい、すなわちエネルギー自立に必要な太陽光発電パネルの設置面が確保しやすい建築です。

学校はさまざまな建築用途の中で、この条件にもっともあてはまりやすく、かつエネルギー使用量も比較的小さいため、エネルギー自立が実現しやすいと考えられます。特に、小中学

校、高等学校はこの条件に適合しており、また、自然採光や自然換気も比較的容易に行えることから、パッシブ手法が採用しやすい建築物といえます。

第2章

世界各国のエネルギー自立型建築の動向

2.1——英国における政策動向

最初に、二〇〇六年頃から開始された二酸化炭素排出をネット・ゼロにするという、英国における「ゼロ・カーボン化政策」について紹介します。

●英国におけるゼロ・カーボン化政策

英国では、二〇〇六年一二月に、建築分野における抜本的な低炭素化対策の第一歩として、「二〇一六年までにすべての新築住宅をゼロ・カーボン化する」との目標についてのパブリック・コンサルテーションが開始され、二〇〇七年七月に、「住宅内で使用するエネルギーのすべてに対して、年間でネット・ゼロにする」という政策が発表されました。さらに、二〇〇八年三月には、住宅以外の建築についても、次のような年次目標が発表され、実質的なゼロ・カーボン化政策が開始されました。

- ▼二〇一六年までに、新築の学校をゼロ・カーボン化
- ▼二〇一八年までに、新築の公共施設をゼロ・カーボン化
- ▼二〇一九年までに、すべての新築非住宅をゼロ・カーボン化

いずれも、実現の目標年が迫っており、動向が世界的に注目されています。

●ゼロ・カーボン化を達成するためのヒエラルキー・アプローチ

二〇〇八年一二月に、英国の地域・地方政府省は、「ゼロ・カーボン住宅・非住宅建築物の定義」という文書を公表し、目標達成に向けた道筋に関してのパブリック・コンサルテーションが開始されました。[図2-1] のように、第一段階として、建築物の断熱性能、パッシブ性能、暖房・給湯等の建築設備の省エネ性能等のエネルギー効率の向上を示しています。第二段階としては、ビル内での太陽光、太陽熱、コージェネ排熱等によるエネルギー供給、バイオマス等低炭素の地域熱供給の活用による炭素排出基準の達

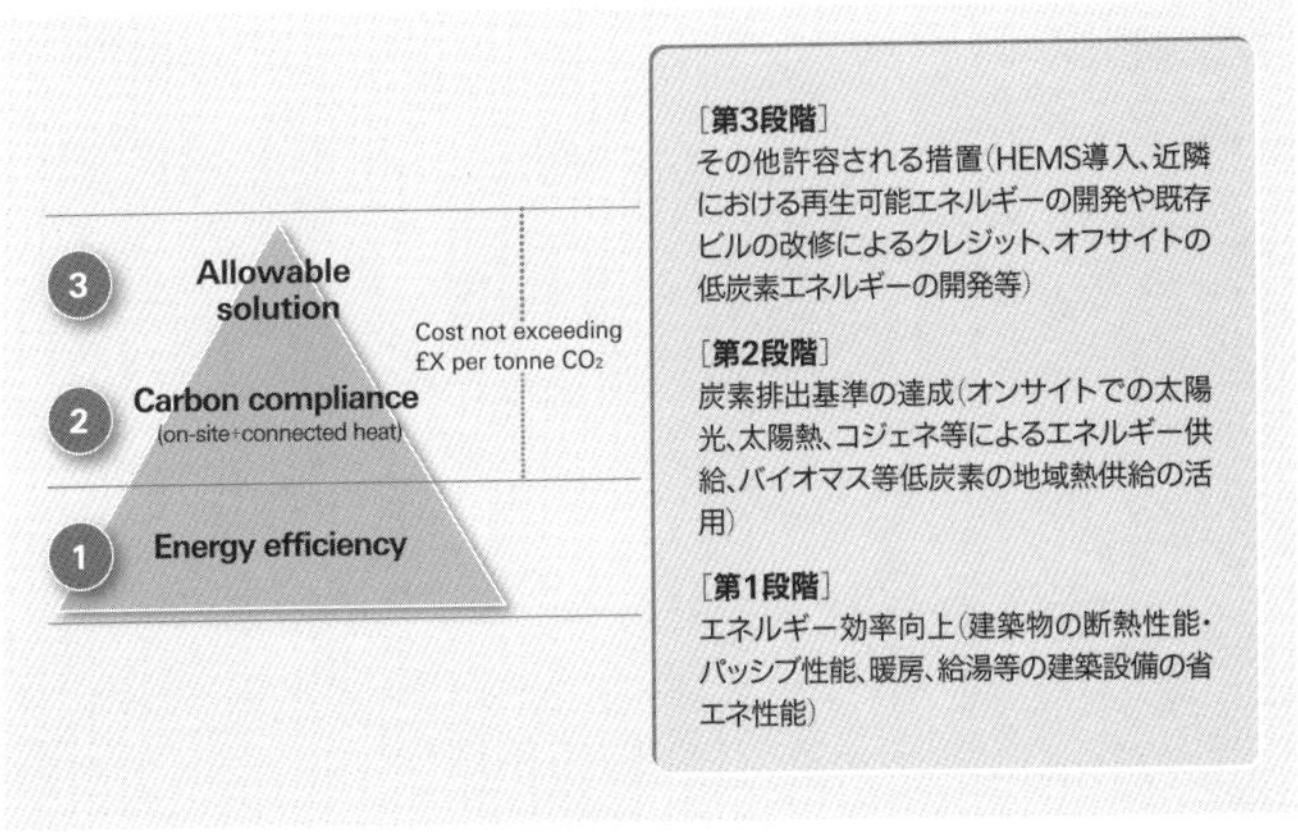

[**図2-1**] ゼロ・カーボンを目指すためのヒエラルキー・アプローチ
3段階でゼロ・カーボン化をめざす道筋が示されている。

成。第三段階としては、その他許容される措置として、近隣における低炭素エネルギー開発やクレジット、再生可能エネルギー電源等の活用が示されています。

ただし、その後の二〇〇九年には、ゼロ・カーボン化政策は「七〇パーセント、カーボン・コンプライアンス」とよばれるようになり、つまり、三〇パーセントはゼロ・カーボン化の対象からはずされることになりました。より現実的な、実現可能な目標に修正されたといえます。七〇パーセントというのは、法的に定めたエネルギーの消費用途で、調理や洗濯、家電製品等に使用するエネルギーは対象からはずされたため、「エネルギー自立」という観点では、やや不十分な政策になったといえます。

［**写真2-1**］英国におけるゼロ・カーボン住宅事例
（Zero Carbon Hub Webより）

●英国におけるゼロ・カーボン住宅の事例

英国におけるゼロ・カーボン住宅の事例は、Zero Carbon Hubのウェブサイトに掲載されています［写真2-1］。現在掲載されているレベル六という最高レベルにある二八の事例から、いくつかを［表2-1］に紹介します。いずれも、建物の高断熱化と太陽光発電、太陽熱利用、バイオマス・ボイラーなどによって、ゼロ・カーボン化を達成しているものと思われます。

建物名称	建物規模・用途	所在地	建物性能	カーボン削減効果（計算）	その他
Green Space, Mendip Place 2010.7 竣工	10 Houses（2010.7 より居住者あり）	Chelmsford, Essex	外壁：0.12W/m²K 窓：0.7W/m²K	PartL2006 対比 160-174%	バイオマスボイラ：60kW 太陽光パネル：4kW（2.5kW） 機械換気＋熱交換器
Greenwatt Way by SSE 2010.9 竣工	モデル住宅（居住者あり）アパートとテラスハウスなど	Slough, Berkshire	外壁：0.12W/m²K 窓：0.8W/m²K	PartL2006 対比 150% 以上	小規模地域暖房 太陽熱給湯（20m²）＋蓄熱槽 太陽光パネル：63kW バイオマスボイラ：30kW ASHP：40kW　GSHP：17kw
The Barratt Green Housse 2008.5 竣工	モデル住宅（イノベーションパーク内）	Watford, Hertfordshire	外壁：0.11W/m²K 窓：0.68W/m²K	PartL2006 対比 133% 目標	太陽熱：3.34m² 太陽光パネル：4.1kW ASHP
Tarmac Homes Project by Lovell Partnerships 2009.8 竣工？	モデル住宅	University of Nottingham	外壁：0.15W/m²K 窓：1.5W/m²K	PartL2006 対比 150% 目標	バイオマスボイラ：10-15kW 太陽光パネル：19m² 太陽熱：3.05m² 自然換気煙突？（Cowl）
Miller Homes Miller Zero Housing Project 2009.6 竣工	モデル住宅４棟（うち１棟：105m²）	Basingstoke, Hampshire	外壁：0.09W/m²K 窓：0.68W/m²K	PartL2006 対比 148% 目標	バイオマスボイラ：15kW 太陽光パネル：4.8kW 機械換気＋熱交換器
SHINE-ZC 2011.6 竣工	モデル住宅	Derby, East midlands	外壁：0.15W/m²K 窓：0.8W/m²K	***	太陽光パネル（建物一体型）：3.78kW バイオ燃料 CHP：8kWp 太陽熱 季節間蓄熱

［**表2-1**］英国におけるゼロ・カーボン住宅事例（Zero Carbon Hub Webより）

2.2——米国における政策動向

●米国におけるZEB（ネット・ゼロ・エネルギー・ビル）化政策

米国では、二〇〇八年八月、エネルギー省（DOE）が、エネルギー自立安全保障法に基づく、ネット・ゼロ・エネルギー・ビル・イニシアティブ（Net-Zero Energy Commercial Building Initiative）を発表しました。具体的には、「二〇三〇年までに、米国に新築されるすべての業務ビルを、二〇四〇年までに、米国の既存の業務ビルの五〇パーセントを、二〇五〇年までに、米国のすべての業務ビルをZEB（ネット・ゼロ・エネルギー・ビル）とするための技術・慣行・政策を開発・普及する」というものです。

ここで記載されているZEBは、以下のように定義されています。

「エネルギー需要を大幅に減少し、温室効果ガスを排出しないエネルギー源により、エネルギー需要を満たし、ネットで温室効果ガスを排出せず、かつ、経済的に成立するもの」

温室効果ガスを排出しないエネルギー源とは、再生可能エネルギーを指すと考えてよいと思います。これらより、再生可能エネルギー利用によって、温室効果ガスの排出抑制をはかり、かつ、経済発展も両立させるという米国の明確な政策を読み取ることができます。

●オバマ大統領の公約

同時期に大統領に選出されたオバマ大統領の演説にも、同様の内容が含まれています。演説の要点は、以下のとおりです。

▼二〇三〇年までに、米国に新築されるすべての業務ビルをカーボン・ニュートラル化、ゼロ・エミッション化する。

▼今後一〇年間でビルのエネルギー効率を新築で五〇パーセント、既築で二五パーセント向上させる。

▼二〇二五年までに、すべての連邦政府の新築ビルをゼロ・エミッション化する。

▼五年以内に、すべての連邦政府の新築ビルのエネルギー効率を四〇パーセント向上させる。

「エネルギー」ではなく、「エミッション」という温室効果ガスを表す言葉を使っている点がやや異なりますが、方向性はDOEのイニシアティブと同様です。エネルギー効率向上の目標値を数値化していること、連邦政府ビルの目標年を二〇二五年に前倒ししている点などが注目されます。

実際に、その後のオバマ政権下では、「米国回復・再投資法」に基づき、たとえば連邦政府ビルの省エネ改修に四五億ドルを盛り込むなど、公共施設を中心としたビルの省エネ、ZEB化の政策が現在もすすめられています。

●DOEによるZEBの実現可能性を検討

一方、DOEは、ZEBの実現可能性について、「全米各地の既存ビルを二〇二五年時点の最新建築技術で建て替えた場合、棟数で六二パーセント、延床面積で四七パーセントがZEBを達成し得る」との試算結果を発表しています。詳細は示されていませんが、二〇二五年時点の最新建築技術は以下のように想定されているようです。

▼躯体の断熱性能向上：ASHRAE（American Society of Heating, Refrigerating and Air-Conditioning Engineers アメリカ暖房冷凍空調学会）の現行基準を三割程度強化
▼照明電力消費量の五〇パーセント削減：昼光照明等
▼コンセント電力消費量の二五パーセント削減：高効率機器の採用
▼空調機器効率向上（ヒートポンプCOP三〇パーセント、ボイラー効率二〇パーセント向上）
▼冷凍設備の効率三〇パーセント向上

▼太陽光発電システムの導入：屋根面積の五〇パーセント設置、セル効率二倍

●NRELによるZEB定義の検討

最近では、NREL（National Renewable Energy Laboratoryアメリカエネルギー省／国立再生可能エネルギー研究所）を中心に、ZEBの定義や分類についての議論がなされています。

NRELでは、ZEBの定義は何をネット・ゼロとするかによって大きく次の四つに分けられています。

❶―――サイトZEB：二次エネルギーがネット・ゼロとなるもの

❷―――ソースZEB：一次エネルギーがネット・ゼロとなるもの

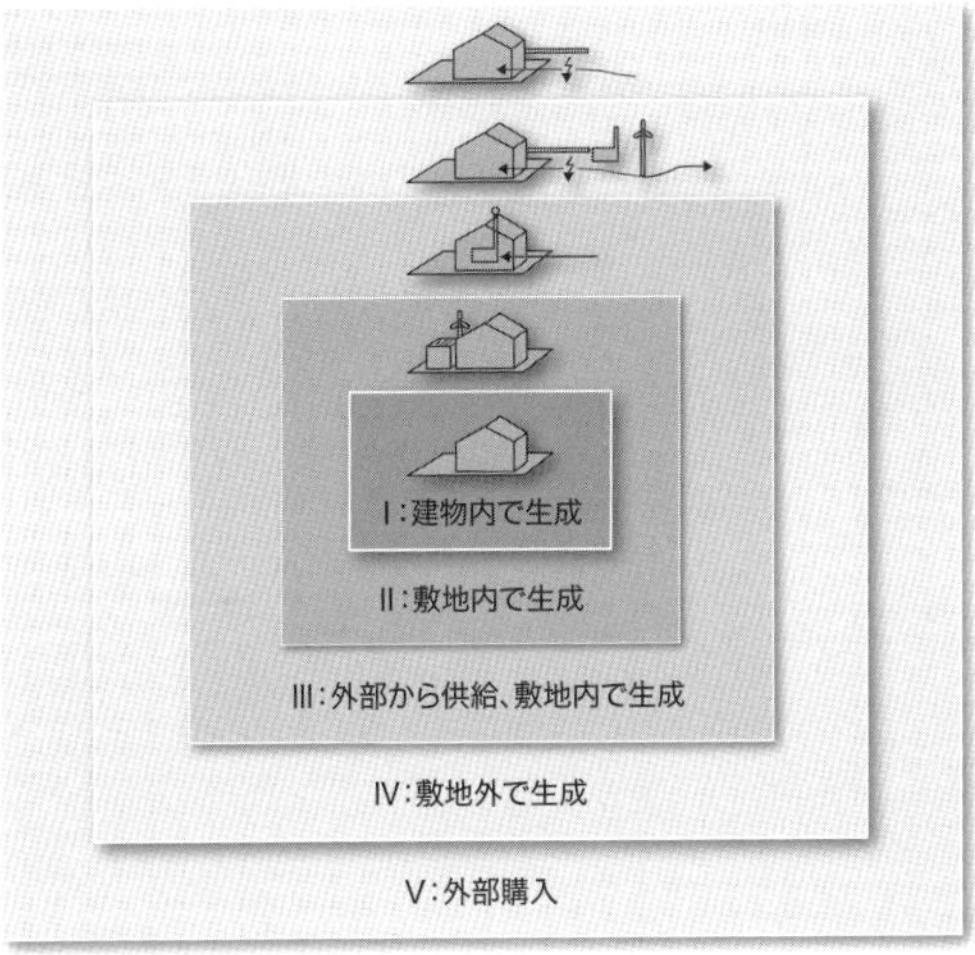

［**図2-2**］再生可能エネルギーの利用方法の分類（NREL Zero Energy Buildings: A critical Look at the Definition）

❸——エミッションZEB：エネルギー起因のCO_2排出量がネット・ゼロとなるもの
❹——コストZEB：エネルギーコストがネット・ゼロとなるもの

ここで、二次エネルギーとは、敷地や建物での使用段階におけるエネルギーを、一次エネルギーとは、供給段階までさかのぼったエネルギーをいいます。また、再生可能エネルギーの供給オプションによって五つに分類されています［図2-2］。

Ⅰ——建物で生成される再生可能エネルギーを活用するもの
Ⅱ——Ⅰに加え、敷地内で生成される再生可能エネルギーを活用するもの
Ⅲ——Ⅰ、Ⅱに加え、木質チップ等の敷地外にある再生可能エネルギー源を敷地内の発電プロセスを使って活用するもの
Ⅳ——Ⅰ～Ⅲに加えて、敷地外にある再生可能エネルギーを活用するもの
Ⅴ——Ⅰ～Ⅳに加えて、グリーン電力等オフサイトの再生可能エネルギー源を購入するもの

ZEBの定義と分類は、❶～❹、Ⅰ～Ⅴの組合せによって、4×5＝20とおりを考えることが

できます。

ZEBの定義については、米国だけではなく、後述するEU諸国や日本も含めて国際的に議論がなされており、今後、世界各国のエネルギー事情や環境政策に応じて、それぞれに適した定義や分類が用いられるようになるものと考えられます。

なお、本書が扱う「エネルギー自立型建築」は、第1章で述べたように、敷地単位の一次エネルギーを扱ったもので、NRELの定義・分類によると、❷（ソースZEB）の分類Ⅱ（敷地内の再生可能エネルギー利用）にあてはまりますが、定義を拡張することによって、分類Ⅲや分類Ⅳへの応用も可能なものです。

建物名称	所有者	所在地	建物用途	延床面積	年間購入エネルギー（MJ/m²）
Aldo Leopold Legacy Center	The Aldo Leopold Foundation Inc.	Baraboo WI	Commercial office; Interpretive Center	1,100	-24.19
Audubon Center at Debs Park	The National Audubon Society	Los Angeles CA	Recreation; Interpretive Center; Park	465	-
Challengers Tennis Club	Whittier Foundation	Los Angeles CA	Recreation	324	-1.15
Environmental Tech. Center Sonoma State	Sonoma State University	Rohnert Park CA	Higher education; Laboratory	204	-17.61
Hawaii Gateway Energy Center	Natural Energy Laboratory of Hawaii Authority (NELHA)	Kailua-Kona HI	Commercial office; Interpretive Center; Assembly; Other	333	-41.51
IDeAs Z2 Design Facility	David and Stephania Kaneda	San Jose CA	Commercial office	607	-0.01
Net zero house Charlotte VT	David Pill	Charlotte VT	Single-family residential	275	-
Oberlin College Lewis Center	Oberlin College	Oberlin OH	Higher education; Library; Assembly; Campus	1,259	-50.76
Science House	Science Museum of Minnesota	St. Paul MN	Interpretive Center	142	-
TD Bank – Cypress Creek Store	TD Bank N.A.	Ft Lauderdale FL	Retail	368	-
NRFL Support center	NRFL	Golden, Colorado	Office building	20,524	-33（設計値）

［**表2-2**］米国におけるZEB事例一覧（DOE Zero Energy Building Webより）

●米国におけるZEB実現の現状

米国におけるZEBの実現事例は、DOEのウェブサイトなどに掲載されています。代表的な事例を［表2-2］に示しますが、比較的小規模な建物が多く、本格的な業務ビルではまだ実現例は少ないと思われます。比較的大規模な事例としては、Aldo Leopold Legacy Center（延床面積一一〇〇平米）［写真2-2-❶］とOberlin College Lewis Center（延床面積一二五九平米）［写真2-2-❷］があります。

いずれも、比較的使用時間の短いZEB実現がしやすい建物ですが、自然換気、自然採光、地中熱利用等の技術と太陽光発電の導入により、ZEB実現に近い状況にあります。

［写真2-2-❶］米国のZEBの事例
Aldo Leopold Legacy Center
Architects, Inc./Mark F. Heffron
［写真2-2-❷］米国のZEBの事例
Oberlin College Lewis Center
❶❷とも撮影＝伊藤剛

2.3——EU諸国の政策動向

●EU諸国のエネルギー事情

ヨーロッパは、埋蔵量が豊富な石炭とオイルショック以後に開発された北海油田・ガス田からの供給により、一九九〇年代のエネルギー自給率は五〇パーセントを超えていました。しかし、その後の天然ガスへの燃料転換、北海ガス田の生産能力低下等により、エネルギー自給率は低下を続けており、二〇三〇年には三〇パーセント以下となり、残りの七〇パーセントをロシア、カスピ海、中東など安全保障上の問題を抱える地域にエネルギー供給を依存せざるをえない状況に直面すると予想されています［図2-3］。

とくに、ロシアからの天然ガス・パイプラインは、その容量の八割程度がウクライナ経由といわれており、二〇〇六年に起きたロシア・ウクライナガス紛争により、ウクライナ向けのガス供給量が削減され、その結果、ヨーロッパ全体へのエネルギー供給に大きな打撃を与えました。これによって、エネルギー供給の脆弱さが露呈し、欧州諸国の化石燃料依存からの脱却、エネルギー自給率向上に対する意識が急激に高まったといわれています。

このようなEU諸国におけるエネルギー自給率低下やエネルギー・セキュリティ低下の問題

は、日本のエネルギー事情にも通ずるところがあります。

●EUの「20-20-20」政策

二〇〇六年に欧州委員会により省エネルギー行動計画（Action Plan for Energy Efficiency）が発表され、ここで、一〇の重点対策分野が示されていますが、そのなかで「建築物のエネルギー効率規制と超低エネルギー消費建築物の普及」が早期に対策すべき分野であると位置づけられています。

また、二〇〇七年にはEU（欧州）新エネルギー・気候変動統合政策が発表されました。これは、「20-20-20」政策とよばれ、次のように、二〇二〇年までに三つの二〇パーセント目標を掲げたものです。

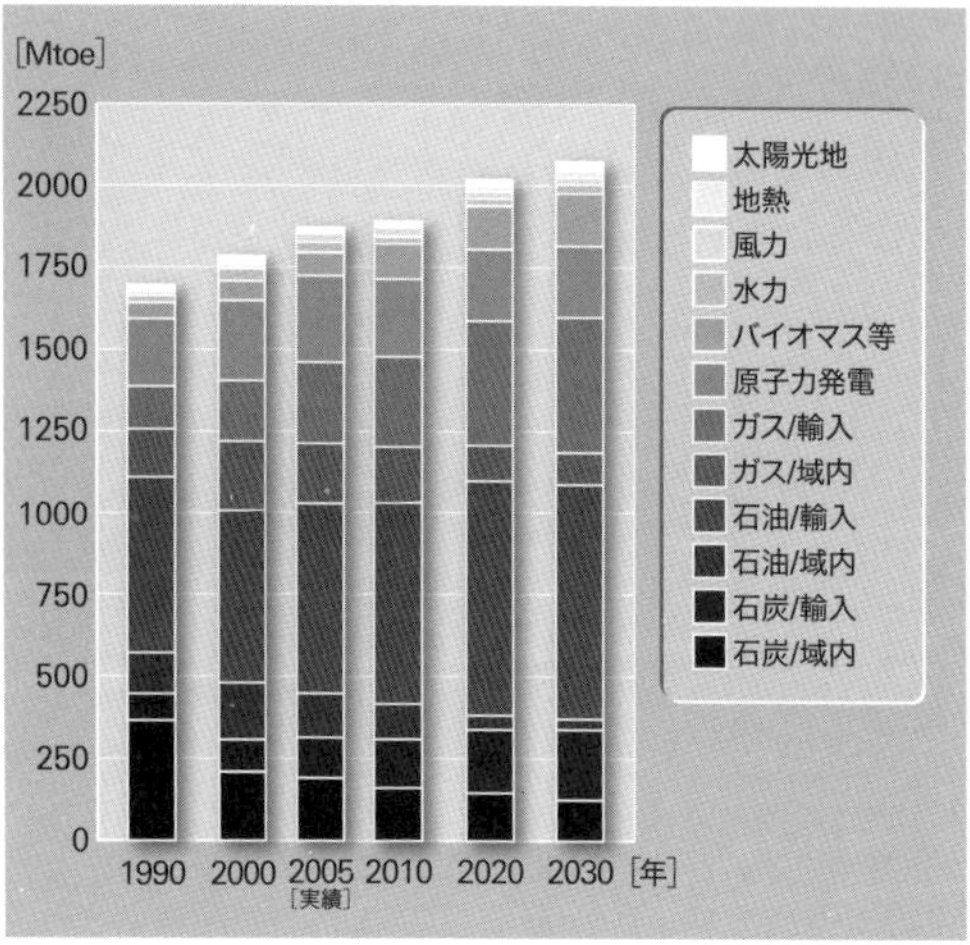

［**図2-3**］EU諸国の一次エネルギー供給の見通し
1990年代は50%程度だったエネルギー自給率が、2030年には30%以下になると予想されている。（「欧州共通エネルギー政策の実情と問題点」戒能一成、経済産業研究所）

❶――省エネルギー政策：二〇二〇年に自然体ケースからの二〇パーセント削減
❷――再生可能エネルギー政策：二〇二〇年までに最終エネルギー消費の二〇パーセントを再生可能エネルギーとする
❸――気候変動政策：二〇二〇年に一九九〇年比排出量二〇パーセント削減

●nZEB（ネット・ゼロ・エネルギー・ビル）化目標

EUでは、建物のエネルギー性能に関する欧州指令EPBD（Energy Performance of Buildings Directive）が二〇〇二年に制定され、加盟国の建物のエネルギー性能改善の促進が規定されています。このEPBDが二〇一〇年に改正され、以下のような建築物のネット・ゼロ・エネルギー化のロードマップを示しています。

▼二〇二〇年までに、EUの新しい建物はニアリー・ゼロ・エネルギーを達成しなければならない。
▼また使用するエネルギーは「非常に大幅に」再生可能エネルギーとしなければならない。

公共建築物に関しては目標が二〇一八年に前倒しとなっています。

「ニアリー・ゼロ・エネルギー」というのは、直訳すれば「概ねゼロエネルギー」となりますが、その程度については、EU加盟国の状況に応じて定めてよいこととされています。EU諸国は各国によって経済状況やエネルギー事情が異なるため、それを考慮して各国で独自の目標設定ができるしくみとしたと考えられます。ただしエネルギー消費量の計算方法のルールについては、欧州各国で共通した手法を採用することが求められています。たとえば、建物のエネルギー消費量は従来、欧米諸国では建物側だけで評価した二次エネルギー消費量で表す場合が多かったのですが、改訂EPBDでは、供給エネルギー源まで遡った一次エネルギー消費量で表すこととしています。

［図2-4］にEU諸国のZEB実現に向けたロードマップを示します。国によって差異はありますが、二〇二〇年から二〇三〇年を目標年とした、ネット・ゼロ・エネルギー化のロードマップです。

●nZEB（ネット・ゼロ・エネルギー・ビル）の定義

ZEBの定義については、EPBDの要請を受けて、先行して欧州の空調換気設備に関する学協会「REHVA（Federation of European Heating Ventilation and Air-conditioning associations）」によって検討がなされています。

また前述したエネルギー消費量の計算方法の共通ルールについてもREHVAによって検討

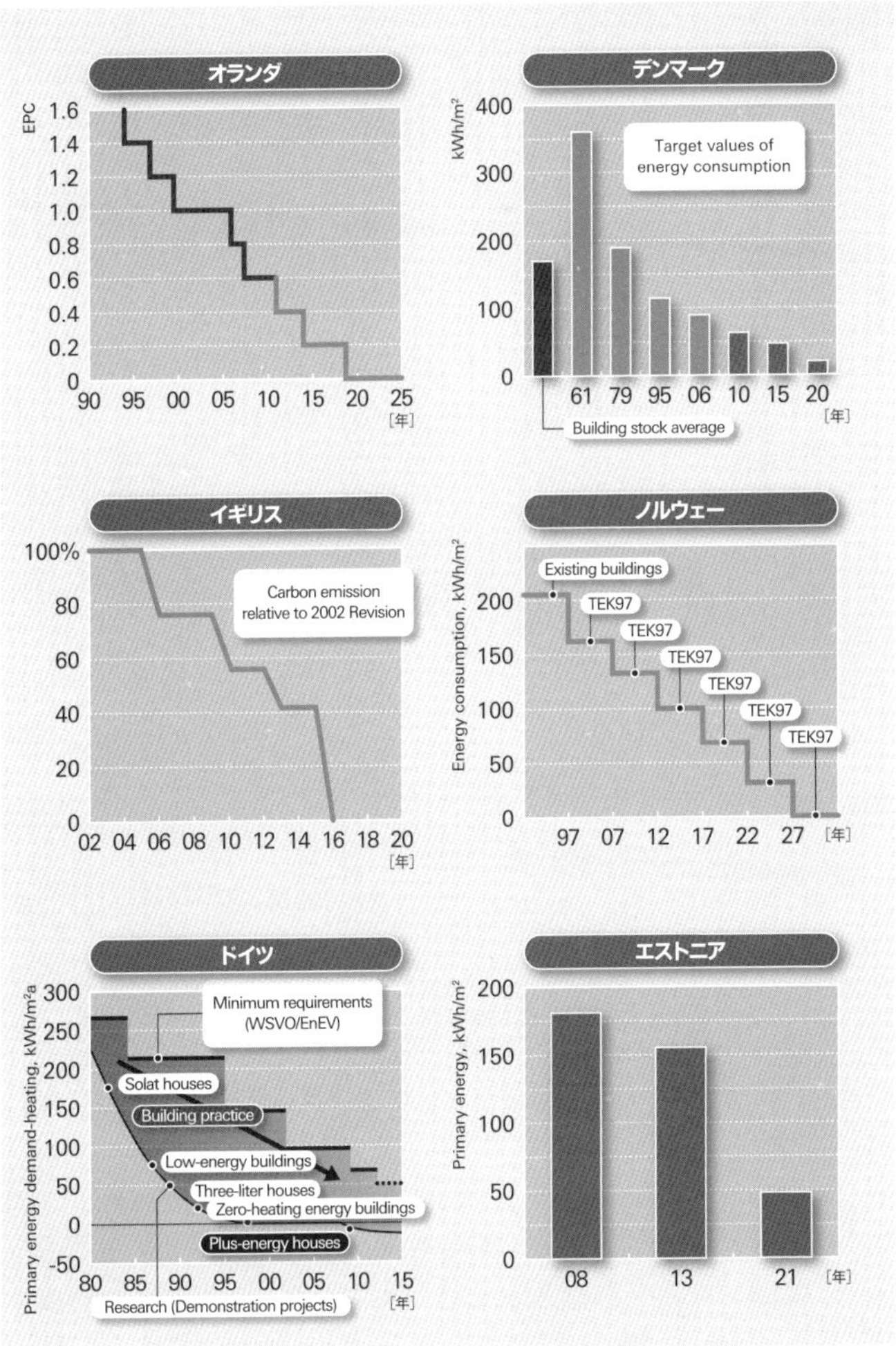

[**図2-4**] EU諸国のZEB化のロードマップ（REHVA European HVAC jounal, May 2011）
EU諸国では、各国が独自にZEB化のロードマップを策定している。

がなされています。

［図2-5］はREHVAのジャーナルに紹介されている例ですが、システムの境界条件を設定して、外部から供給されるエネルギーと外部へ供給するエネルギーの差引をネット供給エネルギーと称し、それをゼロにするという定義です。これは、われわれが、第1章で示したエネルギー自立型建築の定義と概ね同じものとなっています。

REHVAにおける検討事項は、欧州標準化委員会と協議の上、具体的な政策として実現される予定です。

●EU諸国におけるZEBの取組み事例

REHVAで紹介されているヨーロッパにおける先進的な取組み事例を二つ紹介します。

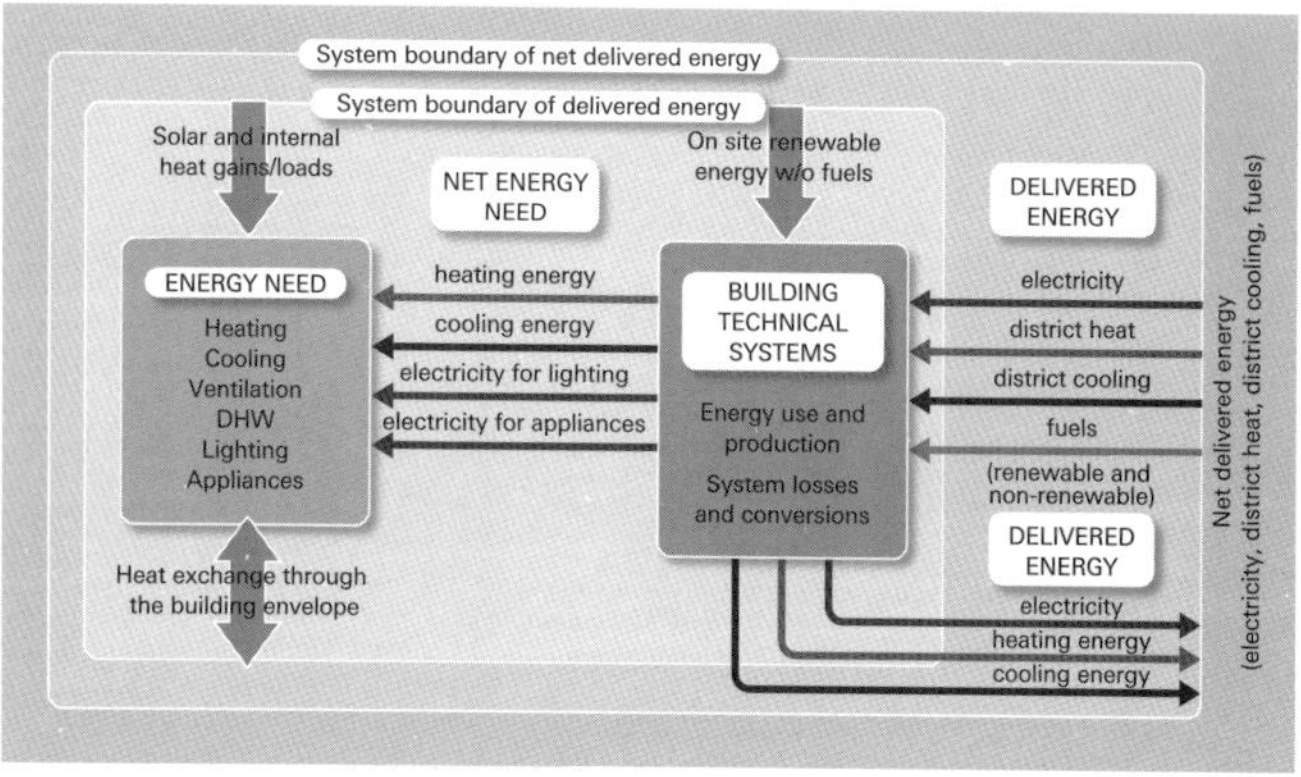

［**図2-5**］nZEB（ネット・ゼロ・エネルギー・ビル）の定義
システム境界におけるネットエネルギー需給量が定義されている。(How to define nearly net Zero Energy Buildings nZEB–REHVA European HVAC jounal, May 2011)

［写真2-3-❶］はフランスのエリシスタワー（Elithis Tower）というオフィスビルで、特徴的な外装による日射負荷の低減、自然採光、チルドビーム、夜間自然換気等により、一次エネルギー消費量を97kWh/m²年まで削減し、太陽光発電量四〇を差し引いて、ネットで五七というきわめて小さいエネルギー消費量の実績値（二〇〇九年）としています。

［写真2-3-❷］はフィンランドのヘルシンキ環境センターで、冷房排熱回収や外気を使って冷却するフリークーリングなど気候特性に適した手法が採用され、一次エネルギー消費量は97kWh/m²年、太陽光発電量一二を差し引いてネット八五となっています。

［写真2-3-❶］フランス　エリシスタワー
［写真2-3-❷］ヘルシンキ環境センター
（いずれもREHVA European HVAC jounal, May 2011）

2.4——アジア諸国の動向

●マレーシア、シンガポール他のZEB指向建築

アジア諸国では、近年になって、マレーシアとシンガポール、韓国、台湾等において、ZEBの取組みが始まっています。

［写真2-4-❶］は、マレーシア（クアラルンプール）にあるSTダイアモンドビルというオフィスビルで、日射をさえぎる特徴的なファサードデザインや昼光利用、太陽光発電により、一次エネルギー消費量で160kWh/m²年という省エネルギー建築を実現しています。これはマレーシアの平均的なオフィスの約四分の一といわれており、シンガポールのグリーンマークという環境建築認証制度のプラチナを取得しています。

［写真2-4-❷］は、同じくマレーシアのGEO（Green Energy Office）ビルで、一次エネルギー消費量は、120kWh/m²年、太陽光発電を含めると、ネットで60kWh/m²年となり、ネット・ゼロ・エネルギーにかなり近いものが実現されています。太陽光発電量を十分に確保するため、さまざまな太陽光発電パネルが設置され変換効率等の比較がなされています。この建物は、マレーシアのグリーンビルディング・インデックスでプラチナを取得しています。

［写真2-4-❸］は、シンガポールのBCAアカデミーという学校で改修工事によりZEB化を達成した初めての事例です。オンサイトでのZEB化を実現するため、屋根面に設置したシリコン太陽電池だけではなく、窓面にも薄型フィルム太陽電池が設置されています。

その他、韓国の国立環境研究所や台湾の成功大学等、アジアの周辺諸国においても積極的なZEB化への試みがなされてきています。

［**写真2-4-❶**］（**左上**）
STダイアモンドビル（マレーシア）
［**写真2-4-❷**］（**右上**）GEOビル
（マレーシア）
［**写真2-4-❸**］（**左下**）BCAアカデミー
（シンガポール）

2.5——日本の動向

日本においては、二〇〇八年の洞爺湖サミットにおける国際エネルギー機関IEAの省エネ勧告等を受け、国の委員会等の場面において、ZEBに関する調査・研究が本格的に開始されました。その主要な取組み内容について以下に紹介します。

●ZEBの実現と展開に関する研究会（二〇〇九年五月～一一月、資源エネルギー庁）

「ネット・ゼロ・エネルギー・ビル（nZEB）」の実現と展開に向けて、具体的な道筋を検討するため「ZEBの実現と展開に関する研究会」が立ち上げられ、日本におけるZEBの実現可能性［図2-6］、それを推進していくための施策のあり方やロードマップ等について報告が行われました。ZEBの解釈や定義は各国さまざまですが、本委員会では、以下のようにZEBの定義が提案されています。

「建築物における一次エネルギー消費量を、建築物・設備の省エネ性能の向上、エネルギーの面的利用、オンサイトでの再生可能エネルギーの活用等により削減し、年間での一次エネルギー消費量が正味（ネット）でゼロ又は概ねゼロとなる建築物」

●建築物ゼロ・エネルギー化ロードマップ

二〇〇九年七月のラクイラ・サミット（伊）における I E Aの日本勧告や、前述の研究会の成果等を受け、「地球温暖化対策に関する中長期ロードマップ（中間整理、環境省、二〇一〇年一二月）」、「低炭素社会に向けた住まいと住まい方」の推進方策について（中間とりまとめ、経済産業省・国土交通省・環境省、二〇一二年七月）等において、住宅や建築物における将来に向けての省エネルギー化のロードマップが示されました。

［図2-7］に前者の中長期ロードマップ（建築物）と後者の「低炭素社会に向けた住まいと住まい方の推進に関する工程表」の抜粋を示します。

この工程表の中では、二〇一二年以降、公共建築物においてはゼロ・エネルギー化を推進、民間の住宅・建築物においても二〇三〇年には平

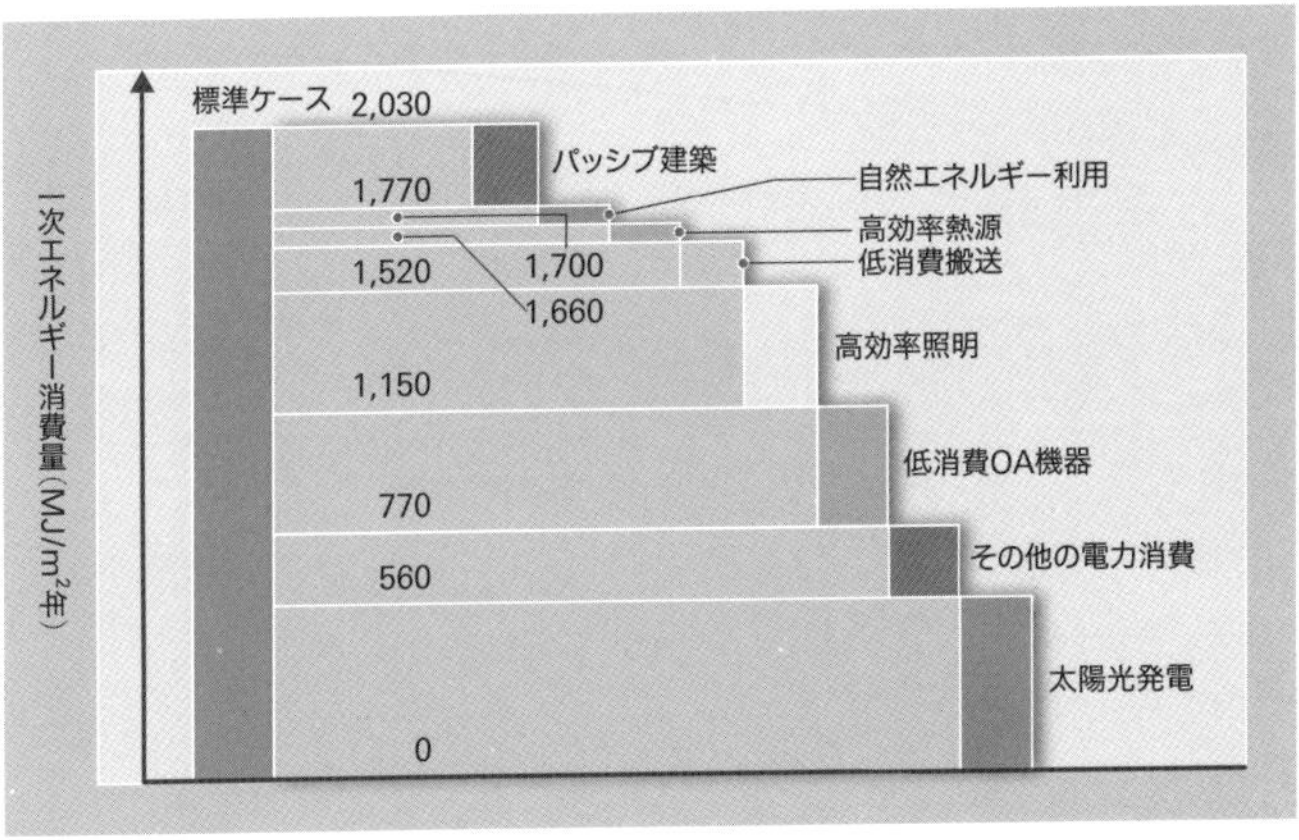

［**図2-6**］ZEBに至るさまざまな省エネ技術とその省エネ量
（ZEBの実現と展開に関する研究会　資源エネルギー庁　2009年11月）

均的にゼロ・エネルギー化を実現することが掲げられています。

平均的な住宅や建築物でゼロ・エネルギー化が実現できるかどうかは別として、これら中長期の工程表が、今後の施策の方向性と併せて示されることは、民間事業者の投資判断材料として、非常に有効なものであったと考えられます。とくに省エネ法の省エネルギー基準の順次強化、届出義務から適合義務への流れが明確に示されたことは、二〇一三年四月の省エネ基準改正と併せ、リアリティを持って一般に受けとめられたと考えられます。

●学校のゼロ・エネルギー化推進

学校は第1章でもふれたように、使用時間が短く、エネルギー消費密度が低い建物です。延べ

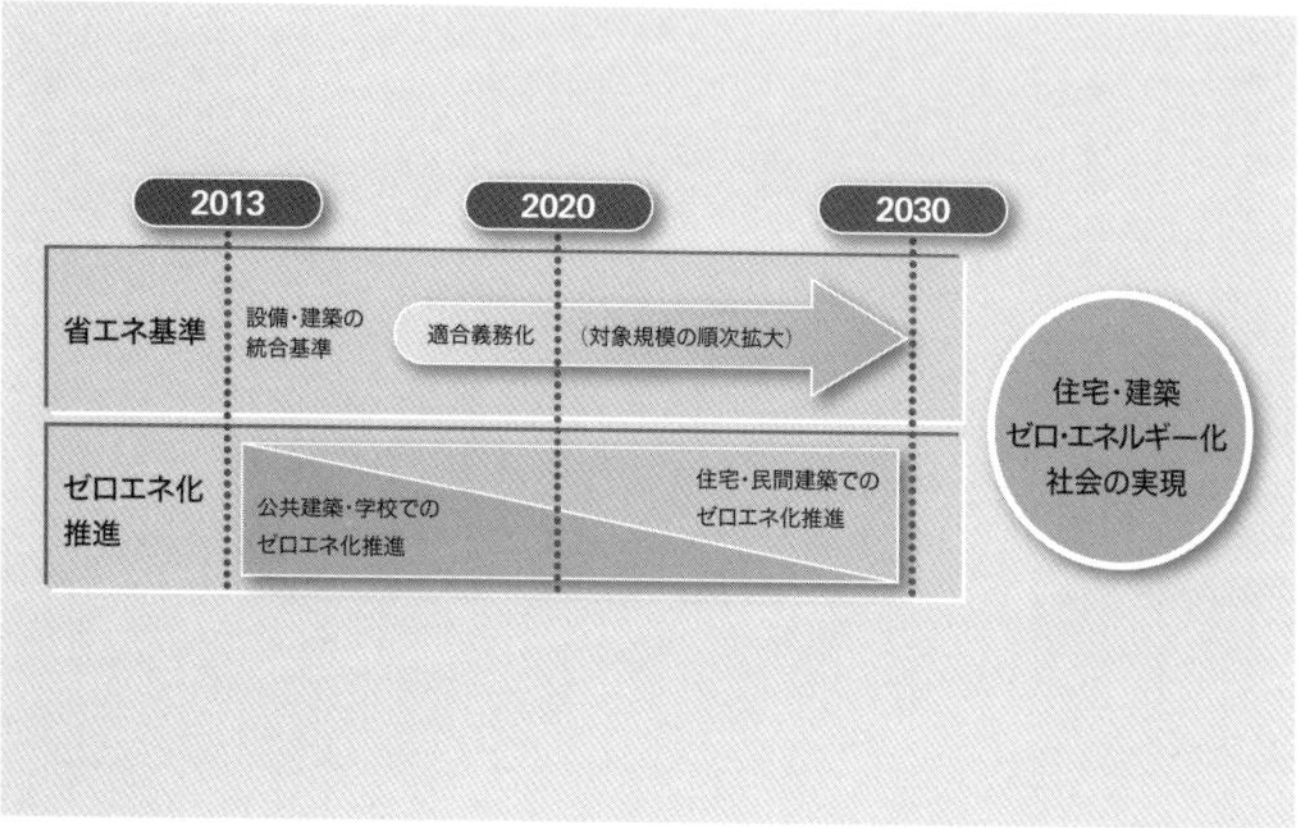

[**図2-7**] 低炭素化社会に向けた住まいと住まい方推進会議　中間まとめ工程表（抜粋）
（経済産業省、国土交通省、環境省　2012年7月）

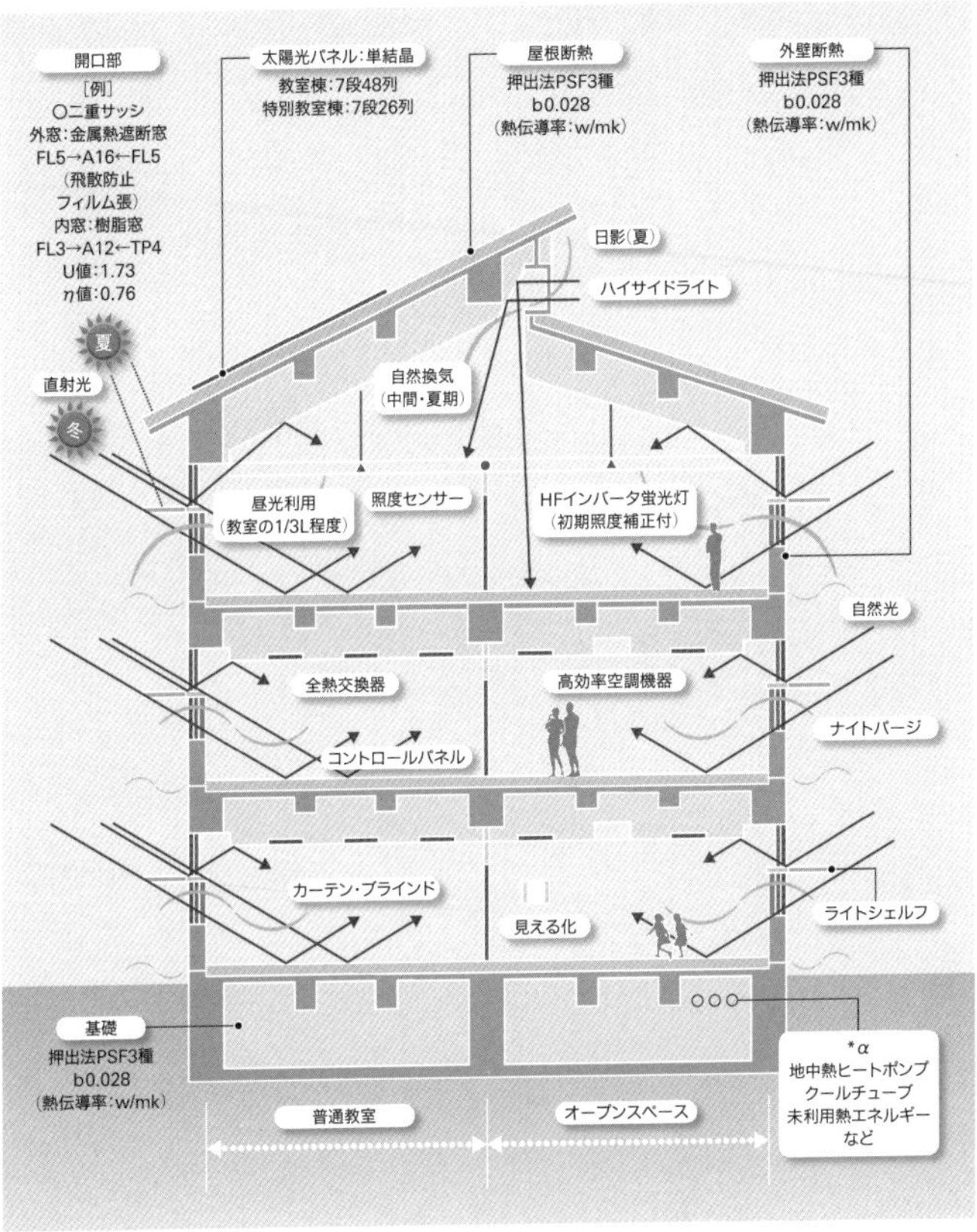

［**図2-8**］ゼロエネルギー化の実現可能性（シミュレーション結果）
徹底的な省エネルギー（▲50%）に加え、大規模な太陽光発電等の創エネルギー（＋50%）を行うことができるなら、ゼロエネルギー化は実現可能。（学校ゼロエネルギー化推進方策検討委員会報告“概要”より）

床面積当たりの一次エネルギー消費量が小さく、低層であることから、太陽光発電パネル等の大規模な設置も見込めます。学校は、ゼロ・エネルギー化が実現されやすい建築用途であるといえます。

前述の「低炭素社会に向けた住まいと住まい方の推進に関する工程表」等において、公共建築物のゼロ・エネルギー化推進の方針が示されたことと歩調を合わせ、その実現性への期待が高まっています。国民に対しての啓発効果も高い学校建築のゼロ・エネルギー化については、率先して推進すべく「学校ゼロ・エネルギー化推進方策検討委員会（二〇一二年一月〜五月、文部科学省、国土交通省）」が開催されました。

本委員会では、主に小中学校を対象として、ゼロ・エネルギー化の目的、その達成手法、実現可能性のモデル試算に取り組んでいます。同時に、東日本大震災を踏まえた地域防災への貢献、環境教育への貢献等についても整理しています［図2-8］。

断熱性能向上のように、平常時の省エネルギー、学習・活動環境の快適性向上に加えて、災害時のエネルギー途絶期間における避難者の温熱環境確保等の複合的役割が期待される技術については、とくに標準的な努力項目として、導入の促進が提示されています。

●ZEB指向建築の現状と今後

［図2-9］に、これまでに紹介した世界各国の代表的なZEB指向建築の一次エネルギー量を比較して示します。横軸がエネルギー消費量、縦軸がエネルギー生成量を示し、四五度のラインがネット・ゼロ・エネルギーとなります。第1章の［図1-15］と合わせてみると理解しやすいかもしれません。

あわせて、日本の最先端事例（A～I）をプロットしました。

気候条件や建物規模等さまざまな事例をひとつのチャートにプロットしているので、単純に比較することはできませんが、米国、欧州、アジア諸国の最先端事例に対して、日本はやや遅れをとっている感はあるものの、標準的な事務所ビルに対して、ZEB指向建築が大幅な省エ

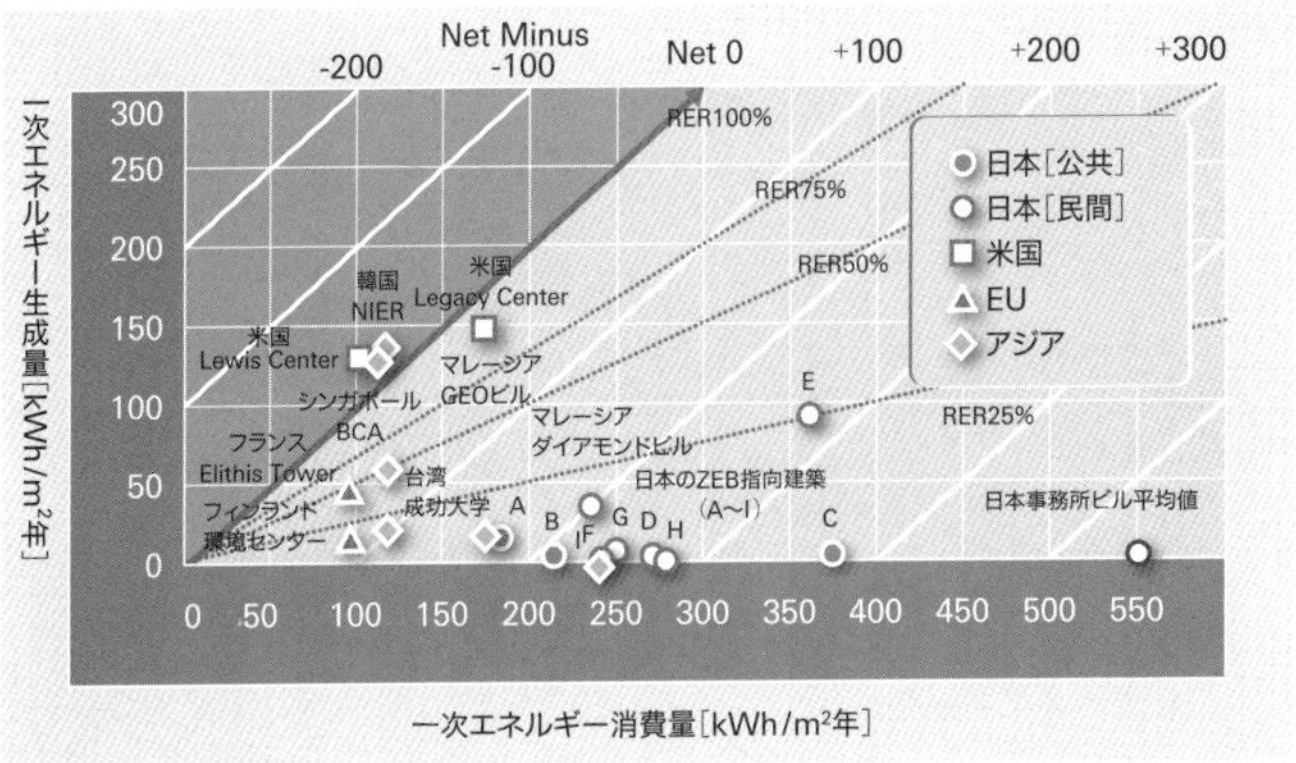

［**図2-9**］世界各国のZEB指向建築の一次エネルギー量マップ
世界的にはネット・ゼロ・エネルギーを概ね達成している建物がある。日本の取組みはこれから。
（空気調和・衛生工学会／ZEB定義検討小委員会調査資料）

ネルギーを達成していることが読み取れます。特に、二〇一一年の東日本大震災以後、省エネルギー意識が高まったことにより、エネルギー消費量は減少傾向にあり、ZEB実現の期待も高まってきました。一方で、再生可能エネルギーの導入量は、諸外国に比べて少なく、再生可能エネルギー導入の推進が、今後の日本でZEBを実現させるための鍵となるでしょう。

第3章

再生可能エネルギーによるエネルギー自立は可能か

3.1——日本の再生可能エネルギー

エネルギー自立型建築の実現には、大規模な省エネルギー化はもちろん、再生可能エネルギー等の活用による敷地内での生成エネルギー量の確保が不可欠です。

まず、日本の再生可能エネルギーにはどのようなエネルギーがあるのでしょうか。

●再生可能エネルギーの定義

日本においては、「エネルギー供給事業者による非化石エネルギー源の利用及び化石エネルギー原料の有効な利用の促進に関する法律（以下「エネルギー供給構造高度化法」）」により、[図3-1]のように定義されています。そこでは、再生することが可能な資源から持続可能な方法で生産されるあらゆる形態のエネルギー、具体的には次のものを再生可能エネルギーとしています。

❶——バイオエネルギー

❷——地熱エネルギー

❸——水力発電

❹——海洋エネルギー（とくに、潮汐エネルギー、波エネルギー及び海洋温度差エネルギーを含む）
❺——太陽光エネルギー
❻——風力エネルギー

しかし、これらの再生可能エネルギーを建物等で利用する場合には、技術、経済、社会、環境等の面において多くの制約があります。賦存量（理論的な総量）がそのまま利用できるわけではありません。以下は、代表的な再生可能エネルギーについての概要です。

●太陽エネルギー

太陽からは、莫大な量のエネルギーが地球に降り注いでいます。太陽エネルギーの恩恵は、あ

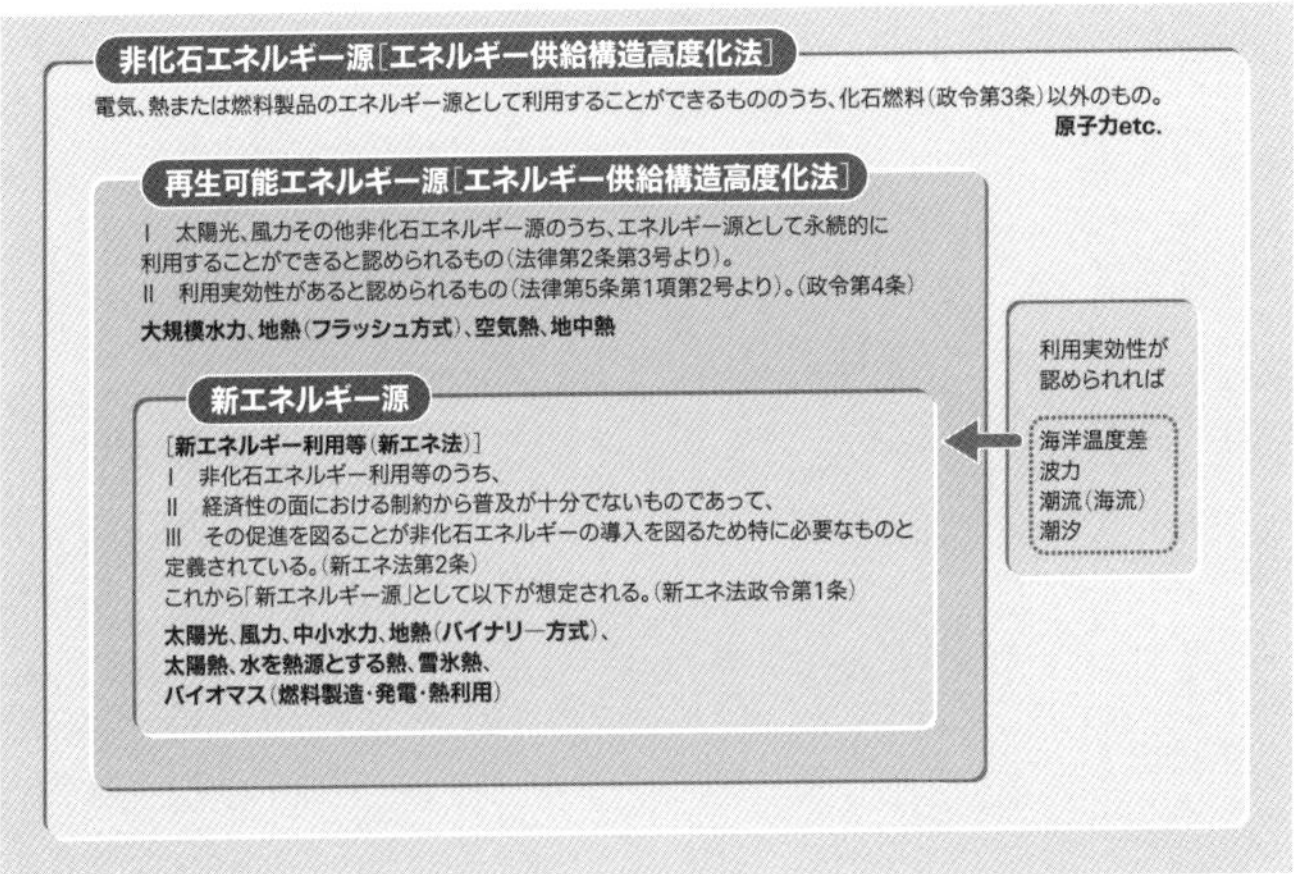

［**図3-1**］再生可能エネルギーの定義（エネルギー供給構造高度化法　資源エネルギー庁）

らゆる場所で受けられるので、再生可能エネルギーのなかでもっとも汎用化が進んでいます。

太陽光発電設備と太陽熱利用設備によって、太陽エネルギーの使用可能量を算定するには、各種の制約要因を考慮しなければいけません。主なものとしては、電気や熱への変換効率など現段階での技術的な制約、設置場所にかかわる制約、価格にかかわる制約などです。

都市部においては、周辺建物による日影、積雪地帯では積雪など、地域特有の制約もあります。太陽エネルギー利用量の算出には、これらを勘案して推定する必要があります。

総務省における「緑の分権改革推進会議 第四分科会」では、各種再生可能エネルギーの制約要因を反映した推定利用量を算定しています。導入規模の三つのシナリオを設定したうえで、太陽光発電パネルについては住宅、業務用施設、産業用施設、未利用地への区分ごとに、太陽熱集熱パネルについては住宅、業務用施設の区分ごとに算定されています。

太陽光発電の場合、設置が可能である場所への導入が進めば、日本の最終エネルギー消費（＝14.97×10[18]Jエネルギー白書〈二〇一二年〉、資源エネルギー庁）に対して一〇パーセント強の発電量を稼ぐことができるものと想定されます。ところが、そもそもの設置対象場所が住宅や業務用施設に限られることもあり、その貢献度は一パーセント未満にすぎないのではないかともいわれています。いずれにせよ、太陽エネルギーが再生可能エネルギーの中でもっとも期待されていることに変わりはありません［表3–1］［表3–2］。

太陽光発電設備	技術的・経済的制約要因	技術面	電池材質	多結晶シリコン、単結晶シリコン、CIS など
			設置形	架台設置形、屋根置き形、建材一体形 など
		経済面	システム価格	電池材質や設置形によって価格が異なる
			売電価格	売電価格の設定値によってキャッシュフローと導入へのインセンティブが変わる
	社会的・環境的制約要因	社会面	建築基準法	建築物の高さ、建ぺい率、容積率の制限
			都市計画法	建築物の高さの制限
			電気事業法	1,000kW 以上の場合、電気主任技術者の選任が必要
		環境面	日射量	日射量の多少によって発電量が変わる
			気温	高温になるほど発電効率が低下する
			受光障害	建物、樹木、山などの陰になることで発電量が低下する
			積雪	積雪によって冬季の発電量が低下する
太陽熱利用設備	技術的・経済的制約要因	技術面	システム分類	自然循環式、強制循環式 など
		経済面	システム価格	システムによって価格が異なる
			投資回収年数	補助金等による費用対効果が変化する
	社会的・環境的制約要因	社会面	建築基準法	建築物の高さ、建ぺい率、容積率の制限
			都市計画法	建築物の高さの制限
		環境面	日射量	日射量の多少によって熱交換量が変わる
			受光障害	建物、樹木、山などの陰になることで発電量が低下する
			積雪	積雪によって冬季の熱交換量が低下する

区分		推定利用可能量[10^3GWh/年]		
		シナリオ❶	シナリオ❷	シナリオ❸
	設置規模	10kW/施設当たり	設置可能最大	建材一体型で最大
太陽光発電設備	住宅	18	23	31
	業務用施設	31	56	66
	産業用施設	16	25	34
	未利用地	66	72	82
	合計	131	176	213
	比率	8.5%	11.5%	13.9%
区分		推定利用可能量[TJ/年]		
		シナリオ❶	シナリオ❷	シナリオ❸
	投資回収年数[年]	20	15	10
太陽熱利用設備	住宅	24,536	40,895	54,523
	業務用施設	784	1,316	2,745
	合計	**25,537**	**42,474**	**57,573**
	比率	**0.2%**	**0.3%**	**0.4%**

[**表3-1**] 太陽エネルギー利用に関する制約要因

[**表3-2**] 太陽エネルギー利用による推定利用量

(再生可能エネルギー資源等の賦存量等の調査についての統一的なガイドライン　総務省)

＊比率は日本の最終エネルギー消費(= 14,97×10^{18}J エネルギー白書 2012 年、資源エネルギー庁)に占める一次エネルギー換算での比率。

●風力エネルギー

風は、場所による温度差等に伴う気圧の差を原動力とし、高気圧から低気圧側へ空気が流れることにより発生します。風力発電設備は、この空気の流れにより、風車を回転させ、取り付けられたモーターに動力を伝えることで発電を行います。

風力発電設備は、水力発電設備とならんで再生可能エネルギーのなかでは発電単価が安いといわれています。ただし、既存の電力配線網である系統電力と風車の距離が離れているなど、接続するための拡張費用が大きければ、必ずしもそうとはいえません。

また、風は日常的にあらゆる場所で体感する非常に身近なものですが、[表3-3]に示すように、風力発電設備は、振動や景観上の理由から居住地には設置が困難です。高標高地域、急傾斜地なども設置には適しません。そのため、市街地ではない平野部が少なく山林面積が多い日本では、陸上における適地が少なく、欧米や中国などに比べて風力発電量が非常に小さい状況です。ただし、これらの制約条件を考慮した風力エネルギーによる発電推定量は、[表3-4]に示されるとおり、もっとも風力発電の導入規模が小さいシナリオ❶においても、443［10^3GWh/年］となります。これは、日本の最終エネルギー消費量の二九パーセント程度に当たる量であり、大きなポテンシャルを有していることがわかります。とくに洋上での風力発電には、大きなポテンシャルが残されています。

技術的・経済的制約要因	技術面	ローター径	ローター径が小さいほど出力が得にくくなる
	経済面	売電価格	売電価格の設定値によってキャッシュフローと導入へのインセンティブが変わる
		開発可能風速	経済性を確保するために最低限必要な風速条件がある 例)年平均風速 5.5m以上(高価格売電) 年平均風速 6.5m以上(低価格売電)
社会的・環境的制約要因	社会面	自然公園法	特別保護地区では導入できない 第1種特別地域では導入できない 海中公園地区では導入できない
		自然環境保全法	原生自然環境保全地域では導入できない 特別地区では導入できない
		鳥獣保護法	特別保護区では導入できない
		農地法	第1種農地では導入できない
		都市計画法	市街化区域では導入できない
		電気事業法	1,000kW以上の所では電気主任技術者の選任が必要
		世界自然遺産	世界自然遺産地域では導入できない
		電力系統	系統連系しにくい所では導入に適さない
		居住地	居住地に近い所では導入できない
		道路	道路から遠い所では導入に適さない
	環境面	標高	高標高地域では導入できない
		最大傾斜角	急傾斜地域では導入できない
		陸地からの距離	洋上風力の場合、陸地から離れすぎている所では導入できない
		水深	洋上風力の場合、水深が深すぎる所では導入できない

方式	シナリオ❶	シナリオ❷	シナリオ❸
	設置条件風速[m/s]		
陸上	7.5 以上	8.5 以上	8.5 以上
洋上(浮体式)	6.5 以上	7.5 以上	7.5 以上
洋上(着床式)	5.5 以上	6.5 以上	6.5 以上
方式	推定発電量[10^3GWh/年]		
陸上	224	459	680
洋上(浮体式)	201	1603	3389
洋上(着床式)	18	287	802
合計	443	2,349	4,871
比率	28.9%	153.1%	317.5%

[**表3-3**] 風力エネルギー利用に関する制約要因

[**表3-4**] 風力発電設備による設置シナリオ毎の推定利用可能量

設置条件風速:エリアの平均風速が設置条件風速以上の場合に、風力発電設備を導入できるものと判断する。

(再生可能エネルギー資源等の賦存量等の調査についての統一的なガイドライン　総務省)

*比率は日本の最終エネルギー消費(= 14,97×10^{18}J エネルギー白書 2012年、資源エネルギー庁)に占める一次エネルギー換算での比率。

●地熱エネルギー

地中の温度は、地球深部のマグマ等の影響で、深くなるにつれて上昇し、一般に深さ三〇～五〇キロメートルで一〇〇〇℃程度に達すると考えられています。火山や天然の噴気孔、温泉などがある、いわゆる地熱地帯と呼ばれる地域では、深さ数キロメートルの比較的浅いところに一〇〇〇℃前後のマグマ溜りがあります。このような地点に貯えられた熱を直接蒸気に変換し、その蒸気でタービンを回して発電するのが地熱発電です。

地熱は、太陽光や風力のように気候の変動に左右されず安定的に熱を取り出せること、またその熱源が半永久的に確保できることなど、他の再生可能エネルギーとはやや異なる性質を有しています。

地熱発電プラントの設置は、設備が大掛かりになるため、［表3-5］に示されるような社会・環境面からの制約を考慮する必要から適地が限られます。また、どこに適地があるのかを探査する費用、運転が開始されてからの維持管理費用も莫大です。経済性の確保も、地熱発電の事業成立上の大きな制約条件となります。地熱資源の密度に依存する発電コストが低くなるほど、導入可能適地が増加します。［表3-6］には、発電コストを制約条件とした地熱発電による発電推定量を示しています。

地熱の温度区分が一五〇℃以下の地域では、発電コストを24円/kWh以下（シナリオ❶）に抑

技術的・経済的制約要因	技術面	耐久性	耐食性を備えた技術が要求される
	経済面	売電価格	売電価格の設定値によってキャッシュフローと導入へのインセンティブが変わる
		地熱探査費用	ボーリング調査等に莫大な経費を要する
		維持管理費	スケール除去に多大な経費を要する
社会的・環境的制約要因	社会面	自然公園法	特別保護地区では導入できない 第1種特別地域では導入できない 第2種特別地域では導入できない
		自然環境保全法	原生自然環境保全地域では導入できない 特別地区では導入できない
		鳥獣保護法	特別保護区では導入できない
		農地法	第1種農地では導入できない
		電気事業法	1,000kW以上の所では電気主任技術者の選任が必要
		世界自然遺産	世界自然遺産地域では導入できない
		居住地	居住地に近い所では導入できない
	環境面	泉質	泉質によってスケール対策の程度が異なる ヒ素などの有害物質が含まれる場所では排水対策が必要になる

地熱資源温度区分	シナリオ❶	シナリオ❷	シナリオ❸
	発電コスト[円/kWh]		
53~120℃	24 未満	36 未満	48 未満
120~150℃	24 未満	36 未満	48 未満
150℃~	12 未満	16 未満	20 未満
	推定利用可能[GWh/年]		
53~120℃	0	24150	44887
120~150℃	17	997	1256
150℃~	6408	11432	13531
合計	6,425	36,579	59,674
比率	0.4%	2.4%	3.9%

[**表3-5**] 地熱エネルギー利用に関する制約要因

[**表3-6**] 地熱発電設備による設置シナリオ毎の推定利用可能量

(再生可能エネルギー資源等の賦存量等の調査についての統一的なガイドライン　総務省)

＊比率は日本の最終エネルギー消費(＝14,97×10^{18}J エネルギー白書 2012 年、資源エネルギー庁)に占める一次エネルギー換算での比率。

えることが難しく、最終エネルギー消費に占める総発電量の推定値が一パーセント以下であるのは、主に経済上の制約によるものです。

3.2——地球上で利用できる太陽エネルギー

日本で利用できる再生可能エネルギーのなかで、もっとも実現性が高いとされる太陽エネルギー利用によるエネルギー自立の可能性について、日本全体および東京全体で検討した結果をここに述べます。さらに、現状の主要都市の土地利用状況を考慮したうえで、太陽エネルギー利用によるエネルギー自立型建築が成立するための条件について言及したいと思います。

●地球表面での太陽エネルギー収支

宇宙空間において地球大気表面の単位面積に垂直に入射する太陽のエネルギー量を「太陽常数」といい、その値は1,364W/m²程度です。地球は球体であるため、表面積は太陽からの投影面積の約四倍あります。当然ながら、日射を受けるのは太陽の方を向いている面のみです［図3-2］。したがって、全地球の表面積で平均したエネルギー量は、太陽定数の四分の一に相当する341W/m²になります。

太陽光は地表面に届くまでの間に、大気圏で反射されたり、大気に吸収されたりします。季節や地域による差はあるものの、地表面に到達するのは半分程度と推定されます［図3-3］。この地表面に到達する日射量を太陽常数で除した数値を「大気透過率」といいます。大気透過率を五〇パーセント程度と仮定すると、全地表面平均での地表面日射量は太陽常数の八分の一に相当する171W/m^2となり、この数値に地球の表面積を乗じたものが、太陽エネルギーの総利用可能量となります。

本章に直接は関係ありませんが、太陽エネルギーは大気、地中および海洋に吸収され、地球上のあらゆる地域に温度差を形成し、大きな水循環、大気循環を起こし、地域の気候をつくりだす源でもあります。温室効果もこの大気を通じて発生する現象です。

●日本における利用可能な太陽エネルギー

日本における日射量データについては、太陽光発電等の効果量算定用として、NEDO（独立行政法人新エネルギー・産業技術総合開発機構）のウェブサイト上で閲覧ソフト等が公開されています。ここから、国内八三七地点における二〇年間（一九九〇年〜二〇〇九年）のデータを時刻別に取り出すことができます。

たとえば、最適傾斜角による日射量の年間平均値の分布をみると、太平洋側が比較的大きく、日本海側が比較的小さくなっているのがわかります。これは、地域ごとの緯度や気候の違いによるものです。曇天、積雪が多い日本海側では日射量が小さくなっています。とはいえ、

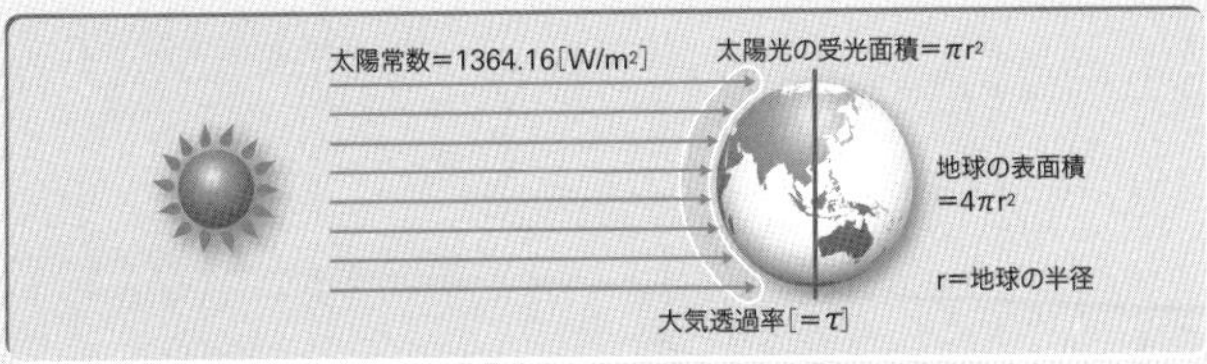

太陽常数に対して、地表面が平均的に受照する日射量(夜間も含んだ)は……

$$\text{全地表面平均地表面日射量} = \frac{\text{太陽常数} \times \text{太陽光の受光面積}[\pi r^2] \times \text{大気透過率}[\tau]}{\text{地球の表面積}[4\pi r^2]}$$

=太陽常数×1/4[全地球平均]×大気透過率(τ=0.5)=171W/m^2×τ

※171W/m^2=171(J/s・m^2×8760[h/年]×3600[s/h]=5,393MJ/年・m^2)

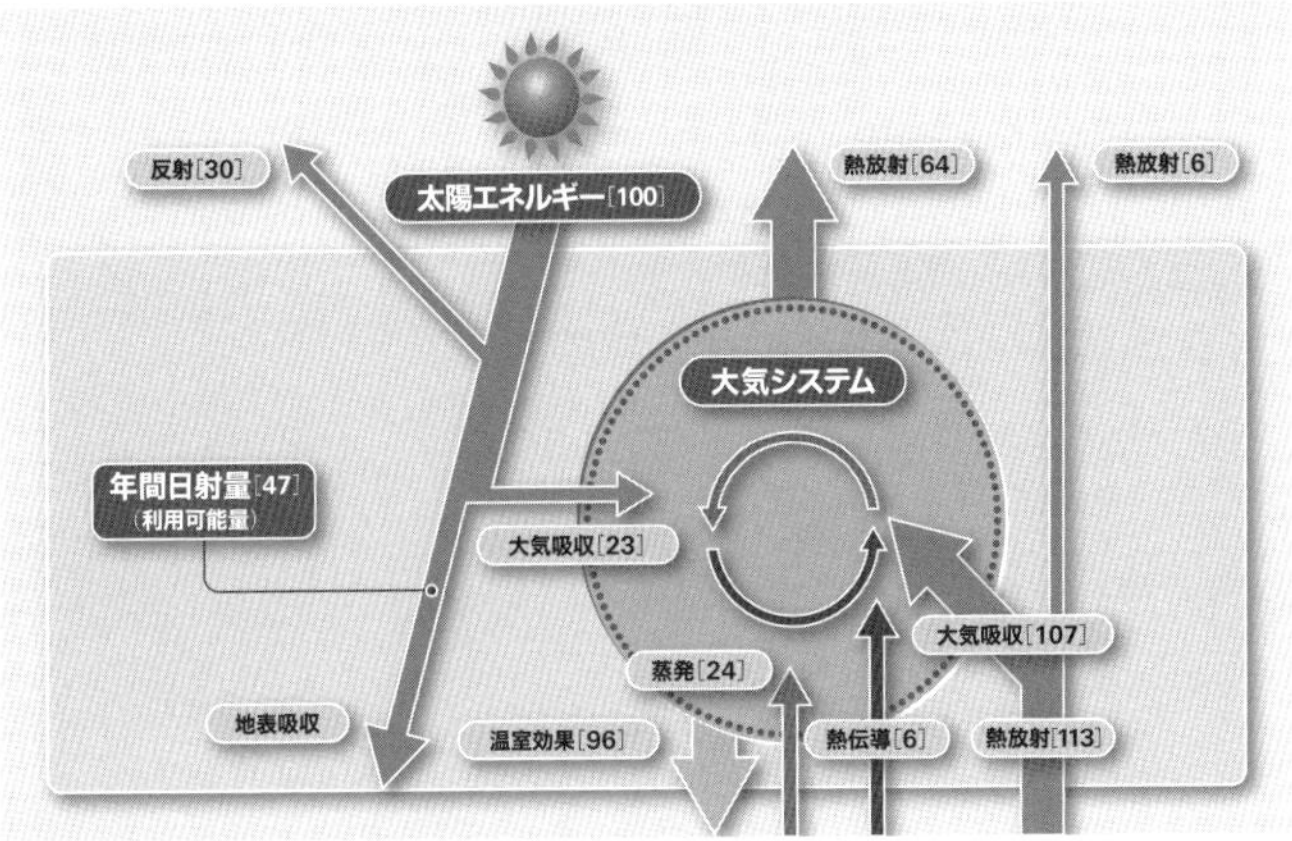

[**図3-2**] 太陽エネルギーの地球への照射

地表面で得られる平均日射量は、太陽常数の1/8程度。

[**図3-3**] 太陽照射の熱収支

大気を透過して地表面で再生可能エネルギーとして利用可能な日射量は、太陽エネルギーの50%程度。

それほど大きな差異があるわけではなく、全国で12～15MJ/m²日、年間にすると4,380～5,450MJ/m²年程度の範囲です。

　全国平均を年間4,500MJ/m²年だと想定し、太陽光発電による電気変換効率をモジュール効率、インバーター効率、その他装置の補正係数より一二パーセント程度［表3-7］だとすると、発電量は561MJ/m²年となります。これは、前述した地表面平均日射量171W/m²（5393MJ/m²年）の約一〇パーセント、宇宙空間における面積あたり太陽エネルギー量（太陽常数）1364W/m²の約一パーセントに相当します。

　次節では、この一パーセント分の太陽エネルギーで日本の最終エネルギー消費をどこまでまかなえるのかを探ってゆきます。

各種係数	補正係数
モジュール効率	0.165
日射量年変動補正係数	0.97
経時変化補正係数	0.95
アレイ回路補正係数	0.97
アレイ負荷整合補正係数	0.94
インバータ実効効率	0.9
電気変換効率	0.124

［**表3-7**］電気変換効率の設定
0.165×0.97×0.95×0.97×0.94×0.9＝0.124

3.3——太陽エネルギーによる自立の可能性

●日本全体を太陽エネルギーでまかなうためには

日本全体における最終エネルギー消費量（二〇一〇年確報値：150×10¹³MJ/年、エネルギー白書二〇一一）をすべて、太陽光発電でまかなうと想定してみましょう［表3-8］。

日本における最終エネルギー消費量は電気によるものだけでなく、都市ガスやガソリン、重油など、多様な種類のエネルギー源が含まれています。時刻毎でのエネルギー自立とするためには、夜間に発電が見込めない太陽光発電設備だけでは達成不可能ですが、ここでは、太陽エネルギーのボリューム感を確認するために、時間的なずれは考慮せずに試算してみます。

太陽光発電の発電量は、前節と同様に561MJ/m²年（＝156kWh/m²年）と設定します。この場合、最終エネルギー消費量をまかなうための発電パネルの設置面積は約九八〇〇キロ平米となり、これは、国土面積（平成二四年、＝377,960m²）の二・六パーセント、民有宅地（平成二四年、＝16,561m²）面積の五九・四パーセント（＝9,839/16,561）になります。これは青森県全体、もしくは岐阜県全体に相当する面積です。

二〇一〇年の電力需要（0.93×10¹²kWh/年、電力調査統計月報）のみを太陽光発電パネルでまかなうための発電パネルの設置面積は約五九〇〇キロ平米です。これは、国土面積の一・六パーセント。民有宅地面積の三六・一パーセントに相当します。

以上の試算から、民有宅地における建物への太陽光発電パネルの設置のみで、日本全体のエネルギーをまかなうことは困難であり、国土全体での議論が必要であることがわかります。

●東京全体を太陽エネルギーでまかなうためには

では、東京都のみに限った場合はどうでしょう[表3-9]。一次エネルギー消費量(二〇一〇年:7.23×1011MJ/年、東京都環境局)を太陽光発電による発電でまかなうと想定した場合、太陽光発電パネルの設置面積は四七五キロ平米となり、東京都面積全体の二二・六パーセント、民有宅地面

		最終エネルギー消費		電力需要
		合計	民生部門	
エネルギー消費(2010年)		1.50E+13	4.97E+12	9.31E+11
		MJ/年	MJ	kWh/年
PV必要面積		9,840km2	3,267km2	5,971km2
PV必要面積比	国土面積比	2.6%	0.9%	1.6%
	民有宅地比	59.4%	19.7%	36.1%

		最終エネルギー消費	
		合計	民生部門
エネルギー消費(2010年)		7.23E+11	4.90E+11
		MJ/年	MJ
PV必要面積		475km2	322km2
PV必要面積比	東京都面積比	22.6%	15.3%
	民有宅地比	83.4%	56.5%

PV:photovoltaic 太陽光発電

[**表3-8**] 日本の最終エネルギーをまかなう太陽光発電の規模

[**表3-9**] 東京都の最終エネルギーをまかなう太陽光発電の規模

積の八三・四パーセントになります。この比率は、全国平均に比べて五倍も大きく、東京都のエネルギー消費密度が全国平均に比べて著しく高い状況がうかがえます。東京都面積に対する二二・六パーセントとは、区部面積の四分の三に相当する面積であり、東京都のエネルギー消費を東京都に設置した発電パネルのみでまかなうことが、いかに困難であるかがわかります。

地域でのエネルギー自立の実現可能性は、対象とする範囲を広げるほど、その達成条件が平準化されます。そのため、各地域での努力はもちろんのこと、都心部と農村部で相互にメリットのある地域間連携こそが重要であると考えられます。

東京都では、「都市における再生可能エネルギー需要と自然エネルギー資源の豊かな地域が創り出す再生可能エネルギー供給とを結び付け、都市のCO_2削減並びに地域の経済活性化及び雇用拡大を同時に達成すること」を目的に、二〇〇九年一二月に青森県と「再生可能エネルギー地域間連携」に関する協定を締結しました。この枠組みは二〇一〇年三月には、北海道、岩手県、秋田県、山形県にも拡大しており、今後もこのような連携はさらに広まることが予測されます。

3.4——主要都市における自立型建築成立の条件

◉エネルギー自立型建築の成立条件

エネルギー自立型建築の成立条件は、一般的に、［式1］のように表せます。すなわち、生成エネルギー設備の導入規模が省エネルギー対策後のエネルギー消費量を上回ることです。

生成エネルギー設備導入規模（MJ/m² 年）＞平均的エネルギー消費量（MJ/m² 年）×（1－省エネルギー率）　［式1］

一方、民有地における建築物の規模や面積は、対象となる土地の市況等を反映した経済合理性により決定されるのが一般的です。生成エネルギー設備を太陽光発電設備と考えた場合、その設置可能規模も延べ床面積に対する屋根面積や壁面積の割合により決定されてしまいます。そのため、エネルギー自立型建築の成立条件は、太陽光発電設備の導入規模を固定条件とし、必要条件が省エネルギー率となる［式2］のように書き直すことができます。すなわち、建築の規模・面積が決まれば生成エネルギー設備の導入規模が決まり、それに対して必要な省エネルギー率を［式2］で求めることができます。

$$\text{省エネルギー率} > 1 - \frac{\text{生成エネルギー設備導入規模}(\mathrm{MJ/m^2}\text{年})}{\text{平均的エネルギー消費量}(\mathrm{MJ/m^2}\text{年})} \quad \text{［式2］}$$

ここでは、都心や郊外の平均的な土地利用状況において、屋根面を太陽光発電設備の導入対象とした場合に、省エネルギー率を必要条件としてエネルギー自立型建築を達成できるのか考察します。

三〇〇〇平米の敷地をモデルに、東京都（区部および多摩・島しょ地域）土地利用状況調査結果を用いて、平均的建物の規模・面積、太陽光発電設備の設置可能面積等を算定します。そして、エネルギー自立が成立するための省エネルギー率を算定しました。平均的建物の延床面積、建築面積、階数、屋根面積、太陽光発電設置面積等は［式3〜7］のように設定しています。

$$\text{延床面積}(\mathrm{m^2}) = \text{敷地面積}(\mathrm{m^2}) \times \text{平均容積率} \quad \text{［式3］}$$

$$\text{建築面積}(\mathrm{m^2}) = \text{敷地面積}(\mathrm{m^2}) \times \text{平均建ぺい率} \quad \text{［式4］}$$

$$\text{階数} = \text{延床面積}(\mathrm{m^2}) \div \text{建築面積}(\mathrm{m^2}) \quad \text{［式5］}$$

$$\text{屋根面積}(\mathrm{m^2}) = \text{建築面積}(\mathrm{m^2}) \quad \text{［式6］}$$

$$\text{太陽光発電設置面積}(\mathrm{m^2}) = \text{屋根面積}(\mathrm{m^2}) \times 2/3 \quad \text{［式7］}$$

●東京都心における検討結果

東京都の区部における建物の用途毎の平均的な建ぺい率、容積率を〔図3-4-❶〕に示します。事務所や宿泊・遊興施設等は建ぺい率が六〇パーセント程度、容積率が四〇〇パーセント程度であることから、平均的な階数は七階建程度となっています。その他の施設においても、すべて平均三階建て以上となっています。

区部における事務所ビルを対象として、式3~7の過程を当てはめると、平均的な建ぺい率は六二・七パーセント、容積率は四二五・二パーセントとなります。したがって、敷地面積を三〇〇〇平米とすると、区部の平均的事務所ビルは、延べ床面積一二七五六平米、平均階数は六・八階となります。また、太陽光発電設備の屋根面における設置可能面積は一二五四平米となり、この条件でエネルギー自立型建築を実現するために必要となる省エネルギー率は、平均的な一次エネルギー消費量に対して九三パーセントとなります。

同様に、その他の業務用建築においてもエネルギー自立型建築の成立には八〇パーセント以上の省エネルギー率が必要条件となります。いかに実現が困難であるかが伺えます。一方で、学校等の教育文化施設では省エネルギー率の必要条件が四パーセントと他の建物用途に比べてかなり小さいことから実現の可能性が見えてきます。

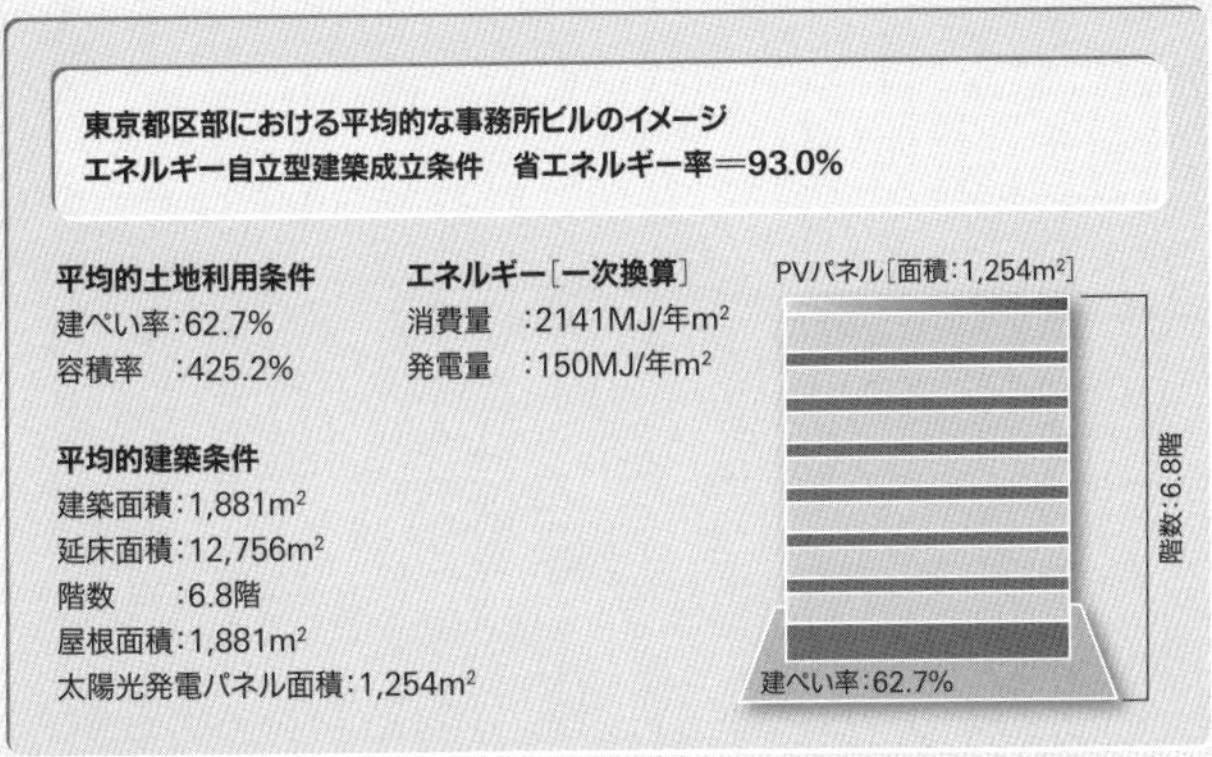

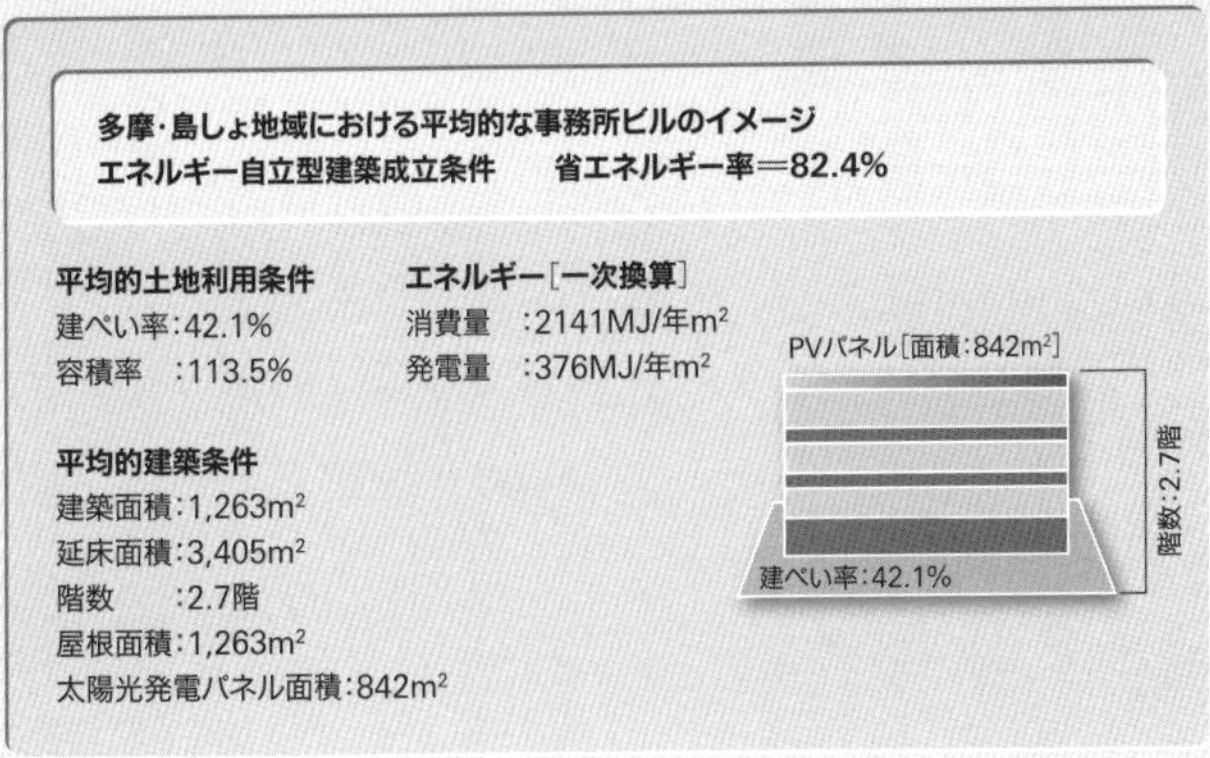

土地利用状況を利用したエネルギー自立型建築の成立条件
[**図3-4-❶**] 東京都区部における平均的な事務所ビルのイメージ
[**図3-4-❷**] 多摩・島しょ地域における平均的な事務所ビルのイメージ

●東京近郊都市における検討結果

東京都の多摩・島しょ地域における建物用途毎の平均的な建ぺい率、容積率を［図3-4-❷］に示します。区部と比べて全用途を通じて低い値となっており、平均的な階数も事務所用途も含めて三階建て以下となっています。これにより、業務用建物用途の延べ床面積当たりの発電量は区部に比べて二倍程度です。

多摩・島しょ地域における事務所ビルの平均的な建ぺい率は四二・一パーセント、容積率は一一三・五パーセントであり、三〇〇〇平米の敷地に建つ平均的事務所は、延べ床面積三四〇五平米、平均階数は二・七階、太陽光発電設備の屋根面における設置可能面積は八四二平米となります。この条件でエネルギー自立型建築を実現するための省エネルギー率は八二・四パーセントです。他の業務用建築でも類似する値となっています［表3-10］。

郊外部では延べ床面積に対する発電規模は、都心部に比べて総じて大きくなりますが、建物規模自体も小さくなっているため、総発電量自体は区部に比べて小さくなります。教育文化施設では、必要な省エネルギー率がマイナスとなっており、太陽光発電パネルの設置規模によっては、省エネルギーを行わなくともエネルギー自立型建築を実現できる可能性が示唆されました。

ただし、第2章5節で紹介した国土交通省の「学校ゼロ・エネルギー化推進方策検討委員会」

での検討にもあったように、再生可能エネルギーの導入だけでエネルギー自立型建築を成立させることは、経済的に優れた手法とはいえません。ゼロ・エネルギー小学校をテーマに計画が進行中の某地区における小学校等の新設計画においては、経済性の考慮から「五〇パーセント省エネルギー、五〇パーセント再生可能エネルギー」をその方針としています。エネルギー自立型建築のコストに対する考え方等は、第4章3節にて後述します。

●地方都市における検討結果

東京都を除く他の道府県においては、敷地単位での平均的な建ぺい率や容積率の統計的なデータがないため、同様の検討を統計的数値に基づいて行うことはできません。ただし、法人建物

地域	建物用途	敷地面積 m²	建蔽率 %	容積率 %	延べ床面積 m²	屋根面積 m²	階数	太陽光発電		一次エネルギー消費量 MJ/(年・m²)	省エネ率
								パネル面積(m²)	発電量 MJ/(年・m²)		
区部平均	事務所	3,000	62.7	425.2	12,756	1,881	6.8	1,254	150	2,141	93.0%
	宿泊・遊興施設	3,000	59.8	400.8	12,024	1,794	6.7	1,196	151	2,953	94.9%
	専用商業施設	3,000	66.4	210.4	6,312	1,992	3.2	1,328	320	3,826	91.6%
	医療施設	3,000	49.2	190.4	5,712	1,476	3.9	984	262	2,695	90.3%
	福祉施設	3,000	49.2	190.4	5,712	1,476	3.9	984	262	1,853	85.9%
	官庁施設	3,000	30.9	149.2	4,476	927	4.8	618	210	1,219	82.8%
	教育文化施設	3,000	33.1	99.8	2,994	993	3.0	662	336	352	4.4%
多摩・島しょ地域平均	事務所	3,000	42.1	113.5	3,405	1,263	2.7	842	376	2,141	82.4%
	宿泊・遊興施設	3,000	45.4	115	3,450	1,362	2.5	908	401	2,953	86.4%
	専用商業施設	3,000	43.1	90	2,700	1,293	2.1	862	486	3,826	87.3%
	医療施設	3,000	37.9	98.6	2,958	1,137	2.6	758	390	2,695	85.5%
	福祉施設	3,000	37.9	98.6	2,958	1,137	2.6	758	390	1,853	79.0%
	官庁施設	3,000	30	69.2	2,076	900	2.3	600	440	1,219	63.9%
	教育文化施設	3,000	23.1	55.6	1,668	693	2.4	462	422	352	-19.7%

[**表3-10**] 土地利用状況を利用したエネルギー自立型建築の成立条件

調査（国土交通省　土地・水資源局、H22.12）等の結果に基づき、各都道府県における法人が有する建物の平均的な階数を想定すると、平均階数が一〇階を超えるのは、東京都のみ。大阪府が七・四階、神奈川県が六・一階であるのに対して、他の道府県では三〜五階の間になっています。

法人が有する建物の比率は、各都道府県の市街地を中心に分布していることが予想されるため、エネルギー自立型建築の成立条件は、東京都の多摩地区、島しょ地域と同様の状況にあることが想定され、必要となる省エネルギー率も同等程度の数値になるものと思われます。

つまり、敷地単位でのエネルギー自立を実現するためには、大規模な省エネルギーが必須です。また一方で、未利用地や山間部における再生可能エネルギーの導入は容易ではありません。国や地域という単位においても、建物の省エネルギー化推進は、エネルギーの自立性を高めていく上で、非常に重要な役割を果たすことが再認識されます。

第4章

エネルギー自立型建築のデザインメソッド

4.1——エネルギー自立型建築のためのライフスタイル

まずここでは、エネルギー自立型建築のためのライフスタイルについて考えます。

室内環境の変動を享受し、必要最小限にエネルギー消費を抑える、そんなライフスタイルやワークショップが求められます。

●室内環境とゼロエナジーバンド

つねに変化する自然エネルギーは、蓄電、蓄熱等によって、より安定的に利用できるようになります。しかし、こうした方法は、エネルギーの形を変えることにほかならず、効率の低下、コストの上昇などをまねきます。自然エネルギーは、できるだけその形態のままで利用することが望ましいのです。これまでの省エネルギービルでは、自然採光のためのライトシェルフや自然換気のためのアトリウムなど、安定的に自然エネルギーを利用するための手法が採用されてきました。しかし、そのような手法を適用してもなお、変動を完全に解消することはできません。

人は温湿度、照度において、ある範囲の環境を受け入れることができます。クールビズ、ウォームビズ運動の広がりは、その好例です。多くの人が、服装を工夫することで、快適性を損なわない空調設定温度を意識化するようになりました。温度、照度の数値に幅をもたせようとする発想は、一九八〇年代に提起されたゼロエナジーバンド制御の概念に通じます［図4-1］。ある程度の変動を許容しようとするなら、そしてこの変動範囲が自然エネルギーの変動に収まっているなら、人工エネルギーを必要とはしません。そのために、変動幅を緩和する工夫を取り入れることも大切であり、このために多くの手法が確立されています。

ゼロエナジーバンド制御の考え方は、室内の温度や湿度だけではなく、照度（明るさ）や清浄度などにも応用することができます。

自然環境と共生し、エネルギー自立を実現す

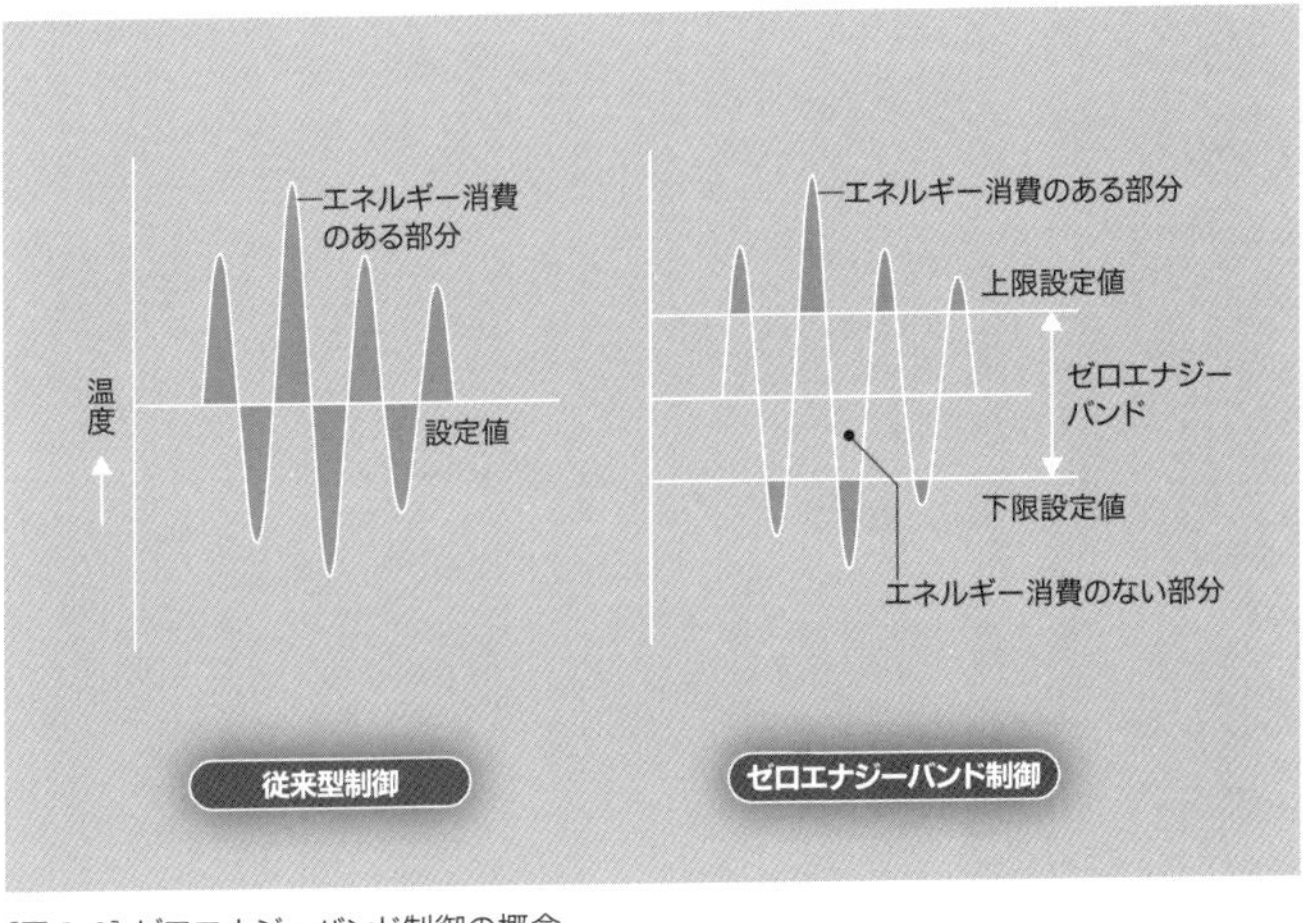

［図4-1］ゼロエナジーバンド制御の概念

るには、このような自然の変動を一定の範囲内で受け入れることこそが大切です。

●ワークスタイルの変遷

二一世紀の現在、オフィスの様相はこれまでの紙（書類）を主とした執務形態から大きく変化しています。机上にはパーソナルコンピュータ（PC）が置かれ、通信インフラの劇的な拡充により、紙の書類が中心であった作業は、ディスプレイ、キーボードを中心とした作業に移行しています。

当然、オフィスの照明設計も変わってきました。具体的には、ディスプレイが見やすく、それに違和感のない机上面の明るさが必要です。また、ディスプレイ作業では、視線が水平方向に向くため、自発光するディスプレイ面に対し、室内の明るさを適切にコントロールすることも課題となります。ミーティングスペースにおいても同様です。ディスプレイを中心とした会議や、遠隔地とのテレビ会議等に合わせた環境構築が求められています。

●タスク・アンビエント

「タスク・アンビエント照明」という方式があります。一九七〇年代に提唱されたこの方式は、オフィス空間のパーソナルなエリアと室内全体とを分離することで、快適性と省エネルギー性の両立を目指しています。主に照明、空調において種々の試みがなされてきました［写真4-1］。

じつは、日本の古くからの生活には、タスク・アンビエント照明方式が根づいています。夏に障子を開け放ち、団扇で涼をとるなどはその一例といえるでしょう。

現代のオフィス建築では、机上面及びその直近の環境（個人の作業環境）と室内全体の環境をべつべつにコントロールすることが、一般的なタスク・アンビエント方式とされています。それぞれに求められる機能は異なるため、これに最適な手法を検討し、組み合わせることが大切です。

手元に近接した光源や、天井面から効率よく手元を照射する光源などのタスクライトには、不在時に消灯し、在席時には個人が必要とする

［**写真4-1**］タスク・アンビエント照明（芝浦工業大学豊洲キャンパス）。天井間接方式によるアンビエント照明により、空間全体の明るさ感を効率よく確保し、机上面に対しては手元スタンドによるタスク照明を施し、効率の良い照明としている。
［**写真4-2**］LED素子による発光パネルで効率よく明るさ感を高めたアンビエント照明（電算新本社ビル）。

机上面照度を安定して確保することが求められます。一方、アンビエント照明は、室内全体の「明るさ感」を高めます。［写真4-2］はアンビエント照明としてLED素子を用いた発光パネルを天井から下げることで、視野内に明るい面を直接提示し、効率よく明るさ感を高めた事例です。自然光の入射する窓面と違和感のない天井の明るさが室奥まで確保されており、昼間は自然光をも取り込む、省エネルギー性の高いアンビエント照明となっています。

タスク環境に比較して、変動に対する許容量が比較的大きいのがアンビエント環境であると考えられます。そこで、タスク環境の構築には安定した人工エネルギーを、アンビエント環境には変動を穏やかに緩和する自然エネルギーを使うことにより、より省エネ効果の高い環境の構築ができます。タスク・アンビエント照明のオフィスでは、時間や天候など自然の変動が、そこで働く人たちの解放感につながるなど、よりよい環境づくりに役立つものと期待されています。

4.2——エネルギー自立型建築を実現するメソッド

ここでは、1章3節で述べたエネルギー自立型建築のデザイン・プロセスに登場した九つのデザイン手法について、より具体的な要素技術を概説します。

●屋外環境の適正化

[1]——建物配置の適正化

エネルギー自立型建築においては、パッシブ・デザインの積極的導入により、各種の環境負荷を低減することが求められます。自然エネルギーを最大限活用し、必要に応じてその影響から建物を守るためには、敷地に特有な気象条件に調和した建物配置を行うことが必須です。

[図4-2][写真4-3]は、海からの斜面上昇風を建物内の自然通風の駆動力にしようと斜面形状に沿った建物配置・建物形状を決めた事例です。同様に、太陽を活用する場合には、日射の角度や強度が地域、方位、季節、時刻に応じて異なる点を考慮しなければなりません。昼光利用、日射遮へい、日射熱取得等のさまざまな手法が考えられますが、どのような時も、その目的を最大化する配置について工夫すべきでしょう。

[2]——外構計画の適正化

外構空間における工夫は、建物内のエネルギー消費に対する直接的な影響は小さいものの、緑化や水面を確保して、敷地内を涼しく保つことで、建物内に心地よい風を取り込むことができます。また、周辺や地域のヒートアイランド現象の抑制に大きな役割を担います。さらに、緑地や水面は美しい景観を生みだすとともに、生態系への影響も緩和させることができます。

敷地内に熱を溜めず、涼しく保つための方法としては、外構の緑化や水面の確保以外に、次のようなものがあります。

❶——対流による熱伝達の促進：地域の風を阻害しない建物配置、通風経路の確保、等

❷——蒸発による熱放散の促進：敷地・屋上・外壁の緑化、保水性舗装材の利用、等

❸——放射による熱放散の促進：外壁・屋根面への高反射性塗装、空地による天空率の確保、等

[写真4-4]は高木と低木の組み合わせにより風の道を形成し、舗装材にも配慮した事例です。高木等を利用した場合は、日影によるクールスポットが形成されています。

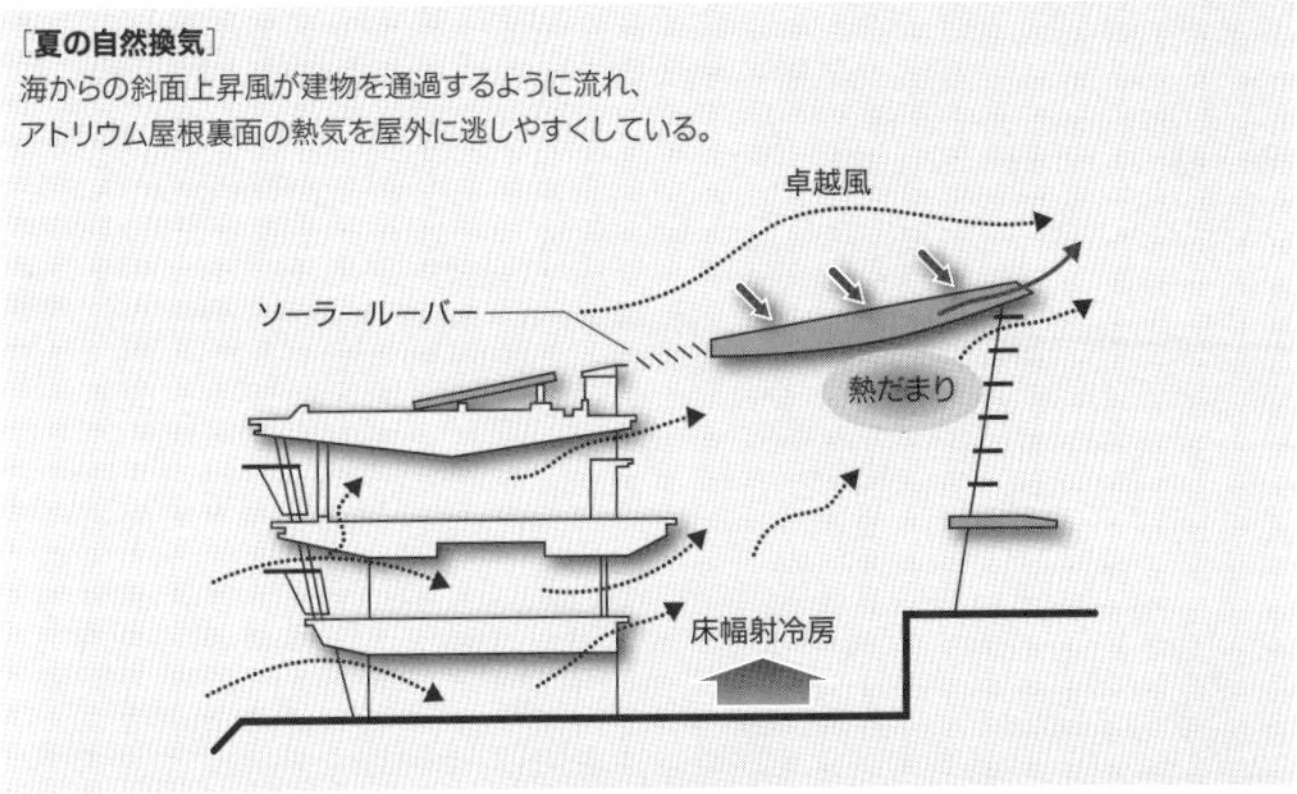
[夏の自然換気]
海からの斜面上昇風が建物を通過するように流れ、
アトリウム屋根裏面の熱気を屋外に逃しやすくしている。
卓越風
ソーラールーバー
熱だまり
床幅射冷房

[**図4-2**] 自然通風を誘引しやすい配置計画と建物形状の工夫「地球環境戦略研究機関」

[**写真4-3**]（**左下**）神奈川県葉山に建設された「地球環境戦略研究機関」の立地。
海風を室内に取り込みやすいように、斜面形状に沿うように建物を配置し、円弧上の建物形状としている。

[**写真4-4**]（**右下**）東京・大崎駅近くの建物空間に設けられた風の通り道「大崎の森」
この地に建設された「ThinkPark Tower」では、高木と低木を組み合わせた緑地に囲まれた風の道をつくることにより、周辺よりも2℃ほど気温が低いクールスポットを形成している。

●屋内環境の適正化

一般的に、屋内環境とは、「光環境」、「温熱環境」、「空気質環境」を指します。これらの環境を維持するための設備が、「照明設備」、「冷暖房設備」、「換気設備」とよばれるもので、これらの設備が消費するエネルギーは、［図4-3］に示すとおり、住宅の年間エネルギー消費量の約四〇パーセント、事務所ビルの年間エネルギー消費量の約七〇パーセントを占めています。エネルギー自立型建築は、これらのエネルギー消費量をいかに減らすことができるかが、実現の鍵を握るといっても過言ではありません。

一方、室内環境は、「建築基準法」をはじめ、いくつかの法規で、その適正範囲が規定されています。次の数値は、オフィスビルにおける屋内環境の主な指標の適正範囲を示しています。これらは「建築物における衛生的環境の確保に関する法律（以下、「建築物衛生法」とよぶ）」や「労働安全衛生法」などにも明記されています。

❶──温熱環境 温度：一七℃以上、二八℃以下
相対湿度：四〇パーセント以上、七〇パーセント以下

❷──空気質環境 二酸化炭素：1000ppm以下、浮遊粉じん量：0.15mg/m^{3}以下

❸──光環境 照度：五〇〇ルクス以上、一〇〇〇ルクス以下（JIS 9110）

これらの適正範囲を狭く(厳しく)すれば、一般的にエネルギー消費量が増大します。たとえば、室温を常に二六℃以下、湿度を五〇パーセント以下に保とうとすれば、空調設備のエネルギー消費量が増大します。照度を常に七〇〇ルクス以上に保つためには照明設備のエネルギー消費量が増大します。逆に、これらの適正範囲を広く(緩く)すれば、エネルギー消費量は減少します。本章1節で述べたゼロエナジーバンド制御の「バンド」とは、このような適正範囲の許容幅を意味しています。

二〇一一年の東日本大震災をきっかけとした節電への社会的要請に対して、その具体策として、この適正範囲を広げる(緩和する)ことが求められました。極端な緩和により、屋内環境が犠牲にされるケースもみられました。一方で、

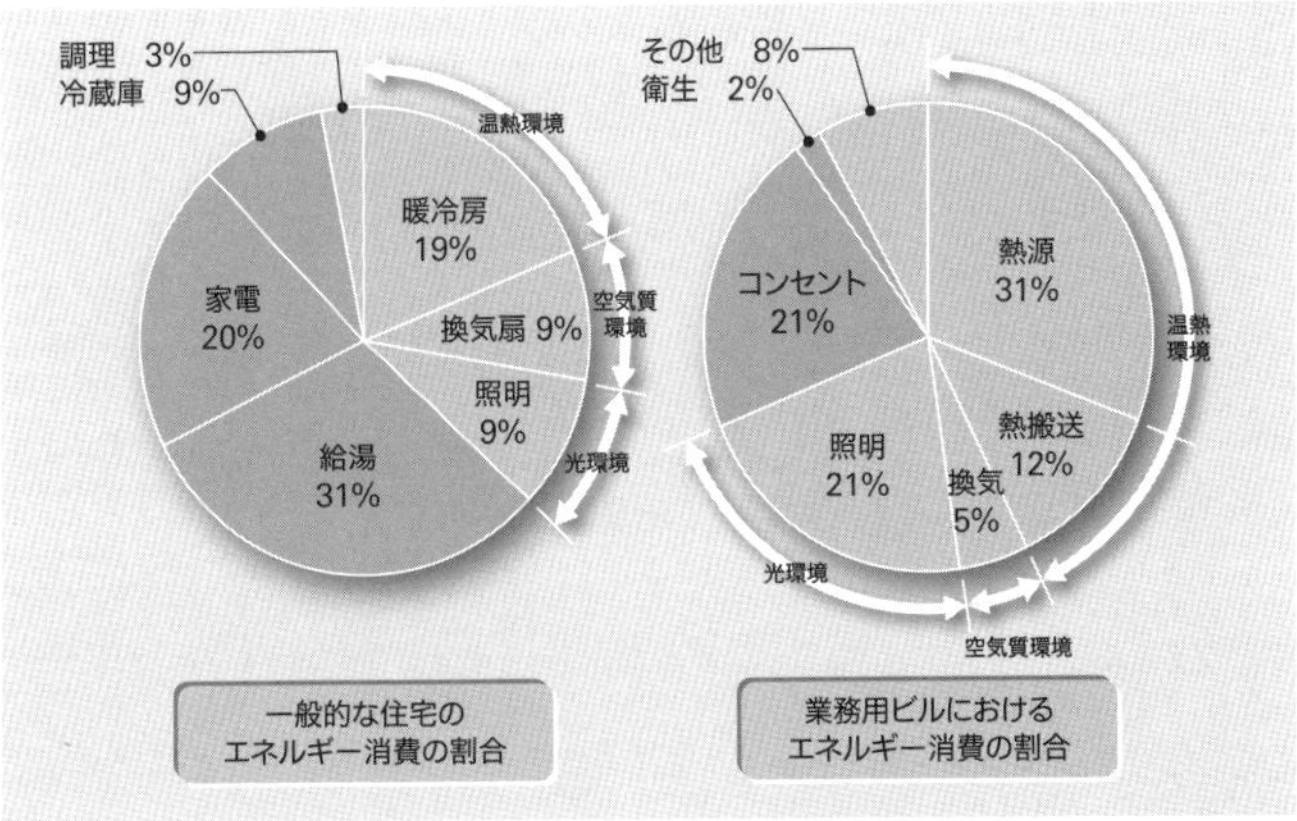

[**図4-3**] 住宅や事務所ビルにおける一次エネルギー消費の用途別内訳。いずれも室内環境に関わるエネルギー消費が大きい。(業務用ビルについては省エネルギーセンター Webより)

そのような緩和された室内環境での執務を多くの方が体験したことにより、「設定温度をこれ以上あげると作業効率が下がる」とか、「照度は多少落としても特に不快ではなかった」など、屋内環境の適正な設定範囲を再認識するきっかけにもなりました。これは日本の社会にとって、怪我《けが》の功名ともいえる貴重な体験であったと思います。

東日本大震災後の節電要請等に対する事業への影響を尋ねた各種アンケート等においても、「照明・空調の運用改善」は「省エネ効果がある」との回答が多かった一方で、「省エネによる労働環境の悪化」を挙げる意見が強かったことも事実です。「我慢の省エネ」が持続しないという認識も広まりつつあります。エネルギー自立型建築の成立を目指す場合においても、安易に室内環境条件の緩和を前提に考えるのではなく、建物利用者の快適性を損なうことなく、可能な範囲で屋内環境の設計条件、運用時の設定条件を緩和する工夫が求められます。

●熱負荷の抑制

熱負荷とは、室内温湿度を一定に保つために処理しなければいけない熱量であり、一般的には[図4-4][表4-1]のように分類されます。熱負荷は、外皮負荷、日射負荷、外気負荷のように外部の気象条件に応じて時々刻々と変化するものと、照明負荷、内部機器の発熱負荷、人体の発熱負荷等、室内側の利用状況に起因するものとに大別されます。

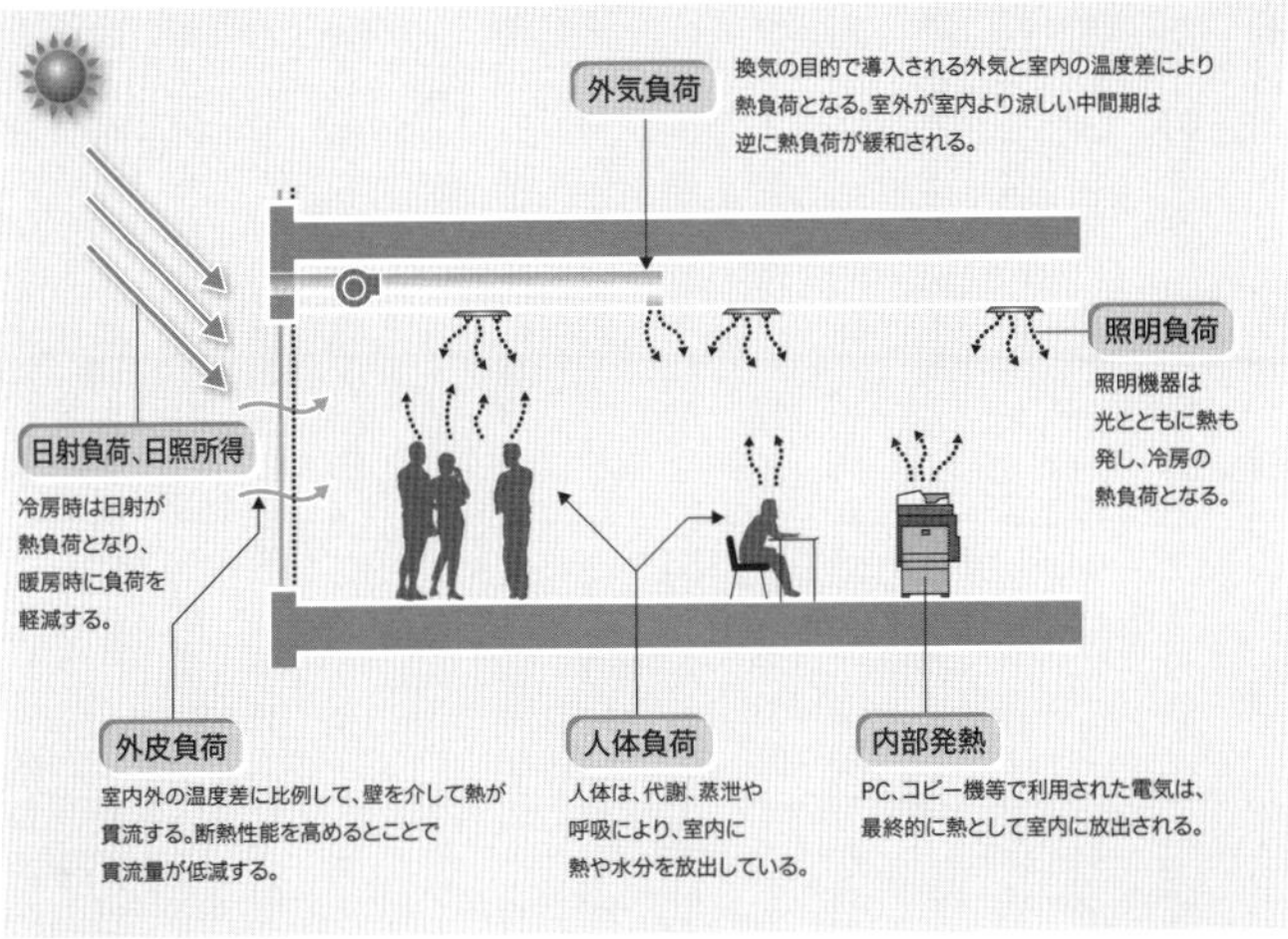
外気負荷
換気の目的で導入される外気と室内の温度差により
熱負荷となる。室外が室内より涼しい中間期は
逆に熱負荷が緩和される。
照明負荷
照明機器は
光とともに熱も
発し、冷房の
熱負荷となる。
日射負荷、日照所得
冷房時は日射が
熱負荷となり、
暖房時に負荷を
軽減する。
外皮負荷
室内外の温度差に比例して、壁を介して熱が
貫流する。断熱性能を高めるとことで
貫流量が低減する。
人体負荷
人体は、代謝、蒸泄や
呼吸により、室内に
熱や水分を放出している。
内部発熱
PC、コピー機等で利用された電気は、
最終的に熱として室内に放出される。

	熱負荷の分類			
	日射調整	外皮負荷	外気負荷	内部発熱
建築対策	ダブルスキン			*
	窓面積の最小化、複層 Low-εガラス			*
	外ルーバー、外ブラインド、庇、建築形状の工夫 落葉樹の植樹 潜熱蓄熱材	外壁・屋根の高断熱 複層ガラス 高反射性塗料 屋上・外壁緑化	クール・ヒートチューブ クール・ヒートトレンチ	*
				自然換気、ナイトパージ
設備対策	空気流通窓		全熱交換器 CO_2 濃度換気量制御	外気冷房
機器対策	*		*	待機電力低減 クラウド化

[**図4-4**] 熱負荷の分類
熱負荷は多くの要因から形成され、日射負荷や外気負荷は冷房時期、中間期、暖房時期などの季節の違いにより役割が変化する。
[**表4-1**] 熱負荷の分類と熱負荷低減対策の一覧

外部の気象条件に応じて生じる熱負荷の抑制対策としては、庇やルーバーによる日射の遮へい、壁面や屋根の断熱性能の向上、断熱性能の高いガラスの採用など、パッシブな建築的手法があげられます。外構に落葉樹を植えて、夏は日射を遮り、冬は日射を取り込む手法は、日本の気候・風土に適した伝統的な手法で、現在も用いられています。また、在室人数に応じて外気の導入量を適正に制御する等のアクティブな設備的手法もあります。

［図4-5］はダブルスキン内の空気をダンパーで切り替えることにより、夏期、冬期の日射調整、外皮負荷低減、外気負荷低減を総合的に計画した事例です。パッシブな建築的手法とアクティブな設備的手法をうまく融合した事例といえます。

室内側の利用状況に起因する負荷の抑制は、基本的には、むだな負荷を減らすことにあります。不要な照明や機器の使用を抑制するなど、ユーザーの運用に頼る面もあります。消費電力の小さい照明器具やOA機器、待機電力の少ない機器を採用するなど、ハード面での対策もいろいろと考えられるようになりました。近年では、クラウド化によって、建物内にサーバーを持ちこまないケースもあり、これまでに比べて、建築がエネルギー自立しやすい状況になってきていることは間違いありません。

このように、近年のオフィスでは、内部発熱が減少する傾向にあります。その結果、冷房負荷は減少しますが、暖房負荷が増大する点に注意が必要です。今よりも建築外壁やガラス面の断熱性能の向上が求められるようになると考えられます。この兆候は、二〇一一年三月の東日本大震災以後の冬の節電期間に、意外に節電が進まなかったという点にもうかがうことができます。節電によって内部発熱が減り、その結果、暖房負荷が増えてしまったものと推測されます。

外壁面の断熱性能は、外壁付近（ペリメーターゾーン）の居住者の局所的不快感にも大きな影響を及ぼします。このような熱負荷の偏りに対しても十分な配慮が必要で、窓廻りの熱環境については、今後ますます注意が必要になってくるでしょう。

●自然エネルギーの利用——自然採光

オフィスビルにおいては、年間に消費するエネ

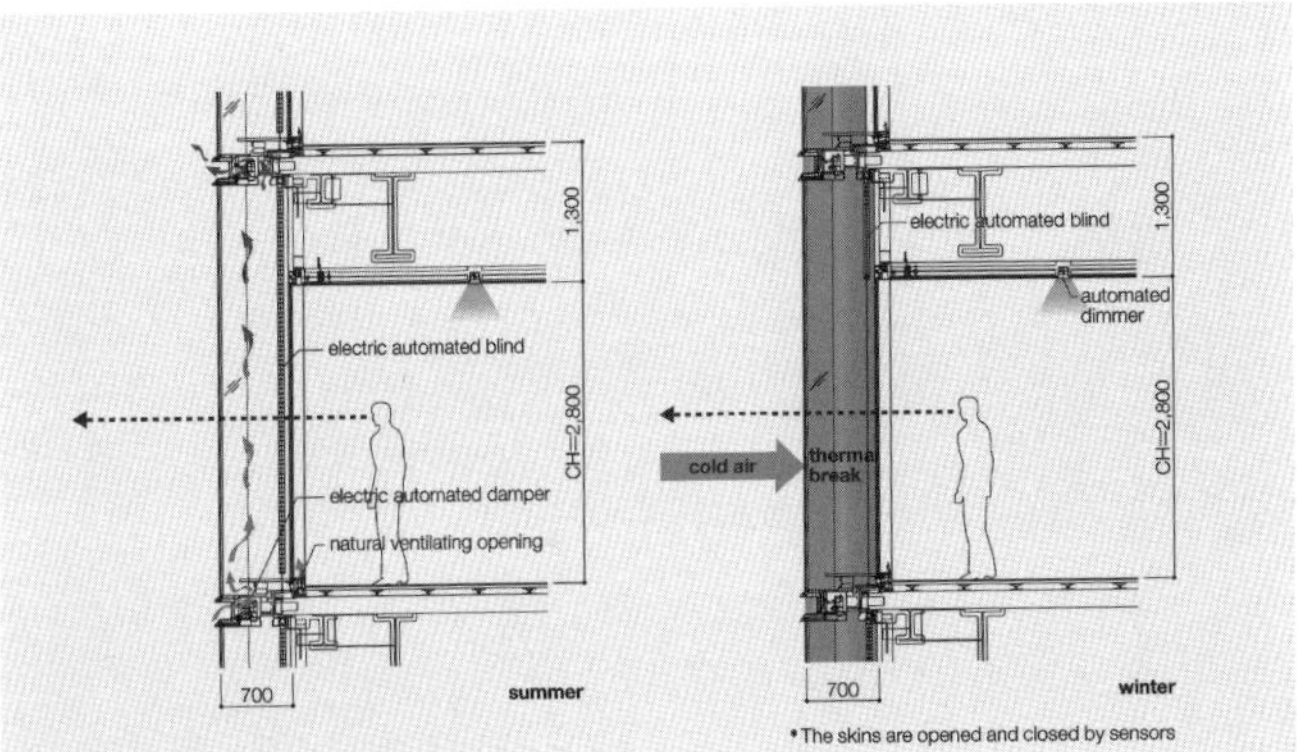

［**図4-5**］ダブルスキンによる熱負荷の抑制
ダブルスキンは外壁を二重化し、中間層をうまく活用することで、季節に応じた役割を担うことができる。

ルギーの約二〇パーセントが照明の消費電力だといわれています（一般財団法人 省エネルギーセンター資料より）。室内に必要な明るさを自然光によって確保すれば、消費電力は減り、エネルギー自立性が高まります。

自然光には、❶時間とともに変動する、❷室内の視環境として必要以上の明るさをもたらすことがある、❸熱を伴う、といった特徴があります。これらを考慮して、空間の特性や使い方に適した採光手法をとることが大切です。

たとえば、均質な明るさを要求される執務室や学習室では、直射光を遮り、変動の少ない安定した自然光（間接光や天空光）を採り込むことが求められます。一方、ある程度の変動が許容できるパブリックエリア（廊下、ロビー、リフレッシュ・スペースなど）では、「自然」を感じられる変動（ゆらぎ）のある自然光によって、快適な空間となる場合があります。

空間の特性や使い方に適した自然採光を行わないと、居住者が自然光を遮へいしてしまう、照明電力の削減以上に冷房用電力が増加するといった結果となり、エネルギー多消費型の建物になってしまうおそれがあります。

効果的な自然採光の手法としては、次のようなものがあげられます。

❶――ライトシェルフ

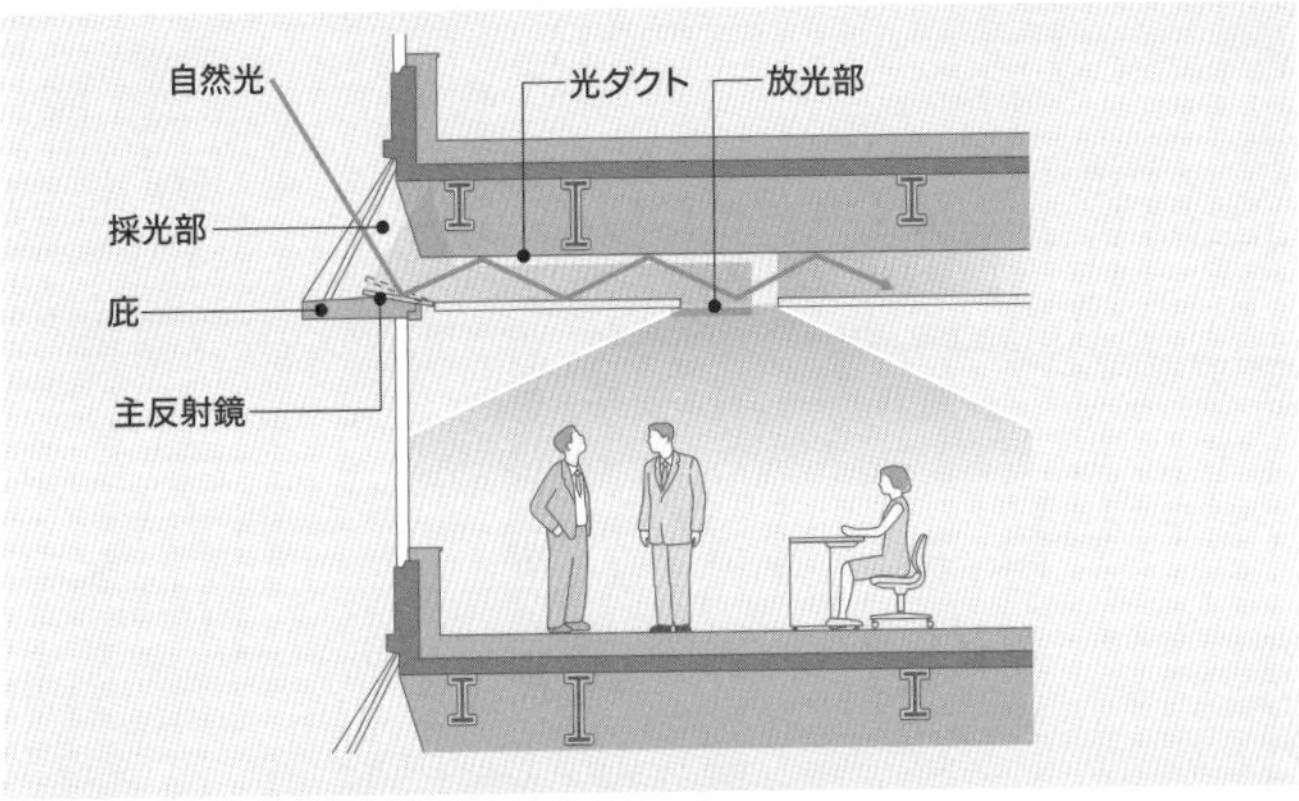

［**図4-6**］光ダクトのしくみ、イメージ図
［**写真4-5**］光ダクトの導入事例
外壁から採り込んだ自然光を室内の奥まで運ぶ。自然光が届きにくい空間（部屋の奥、地下など）でも自然採光が行える。

窓面に設けた水平庇によって直射光を遮りつつ、窓面から拡散光を採り込む手法です。南面の窓において効果的です。

❷——トップライト・ハイサイドライト

多くの自然光を採り込むには、空間の上方に開口を設けることが効果的です。ただし、採り込み過ぎは冷房負荷が増すので、採光量を調節できる機構を併設することが肝要です。

❸——自動角度制御ブラインド

ブラインドの羽角を太陽方位・高度に合わせて自動的に調節し、直射光を遮りつつ採光できます。手動ブラインドによくある「閉めっぱなし」をなくすことができるので、採光効果が高まります。

❹——光ダクト

内面を高反射素材で作ったダクトで、外壁面や屋上から採り込んだ光を室内奥まで搬送する装置です。建物の形状に合わせて「水平ダクト」または「垂直ダクト」を選択すると効果的です［図4-6］［写真4-5］。

●自然エネルギーの利用——自然換気

自然換気とは、動力等を利用せずに外部の空気を室内に誘引する仕組みです。空調にとってのオフシーズン、つまり中間期には室内よりも外部の方が、温湿度条件が優れている時間帯があり、この時に自然換気をすれば冷房負荷の低減につながります。

自然換気の駆動力は、風圧や温度差等を利用した入口と出口の圧力差です。

主には［図4-7］のように「❶風圧等による圧力差」を利用する場合、「❷上下の温度差等による煙突効果」を利用する場合、「❸風による誘引効果（ベンチュリー効果）」を利用する場合の三つが考えられます。それぞれに、意図した換気量を実現するには、建物の敷地における風況を把握したうえで、圧力計算等を行うなど、建築計画段階での綿密な確認が必要です。

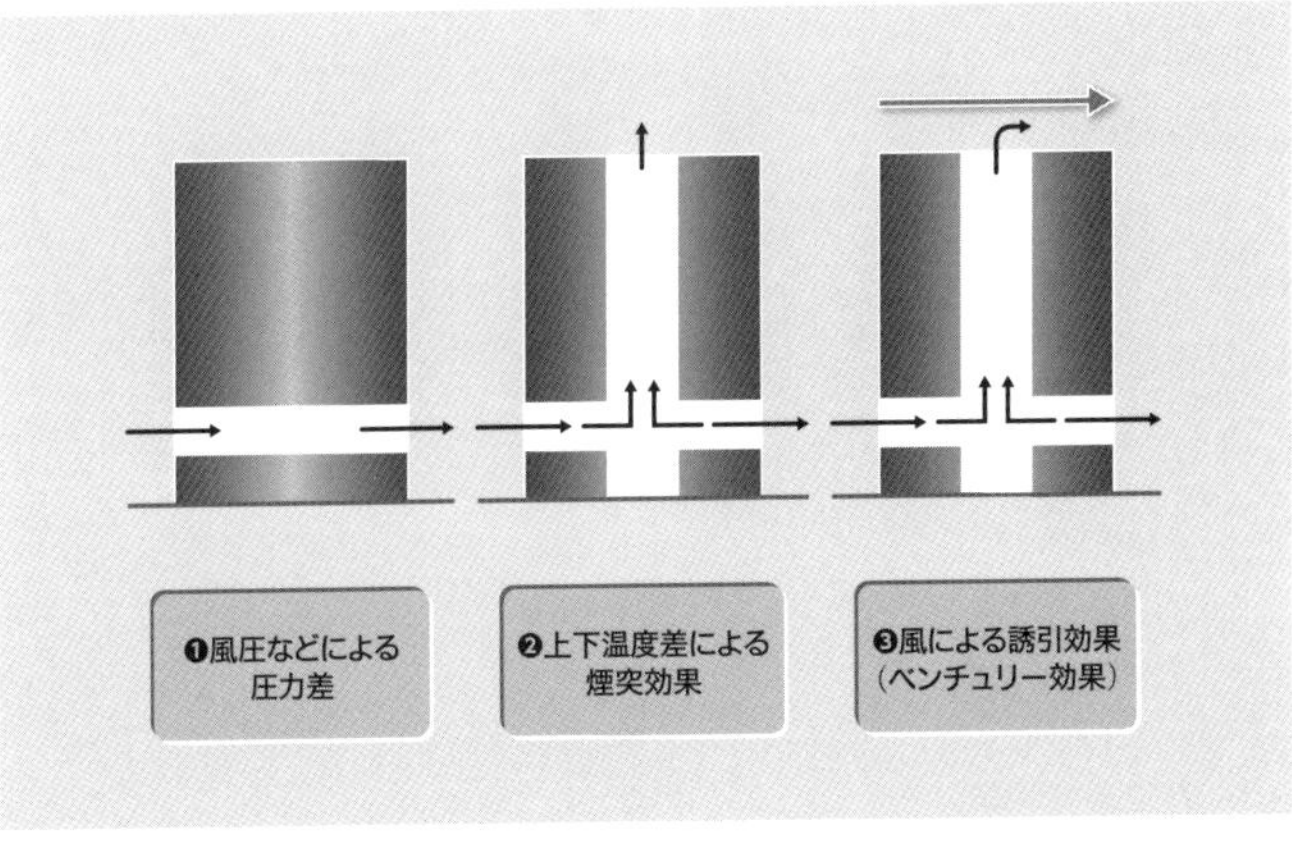

［**図4-7**］建物全体で自然換気を行う方法の例
自然換気を成立させるには、入口・出口の開口面積及びその圧力差を確保する必要がある。

［図4-8］は、ソーラーチムニーによる煙突効果により自然換気を行っているオフィスビルの事例です。ソーラーチムニー内に潜熱蓄熱材を設けることで、太陽が沈んだ後も継続的に換気できるように考えられています。また、ビル用マルチエアコンと自然換気窓の開閉判断を連動させるなどの方法もあります。テナントビルというさまざまな使い方が想定される空間では、運用段階での使い勝手にも十分に配慮した計画となっています。

当然ながら、自然換気を採用する場合には、台風等による強風時の対策や雨水の浸入対策、ばい塵、騒音、防虫、防犯等についても十分に考慮しなければなりません。

●システムの高効率化――照明システム

照明システムの高効率化は、大きく二つに分類されます。一つは照明器具そのものを高効率にすること［図4-9］、もう一つは照明制御システムによる使い方の高効率化です［図4-10］。

❶――照明器具の高効率化

照明の光源は、白熱電球→蛍光灯（FL型）→高効率蛍光灯（Hf型）→LEDへと高効率化が進展してきました。光源の効率を表す指標として、光源が発する光の量（単位lm：ルーメン）と光源が消費する電力（単位W：ワット）との比「lm/W」（1ワットの消費電力で、ど

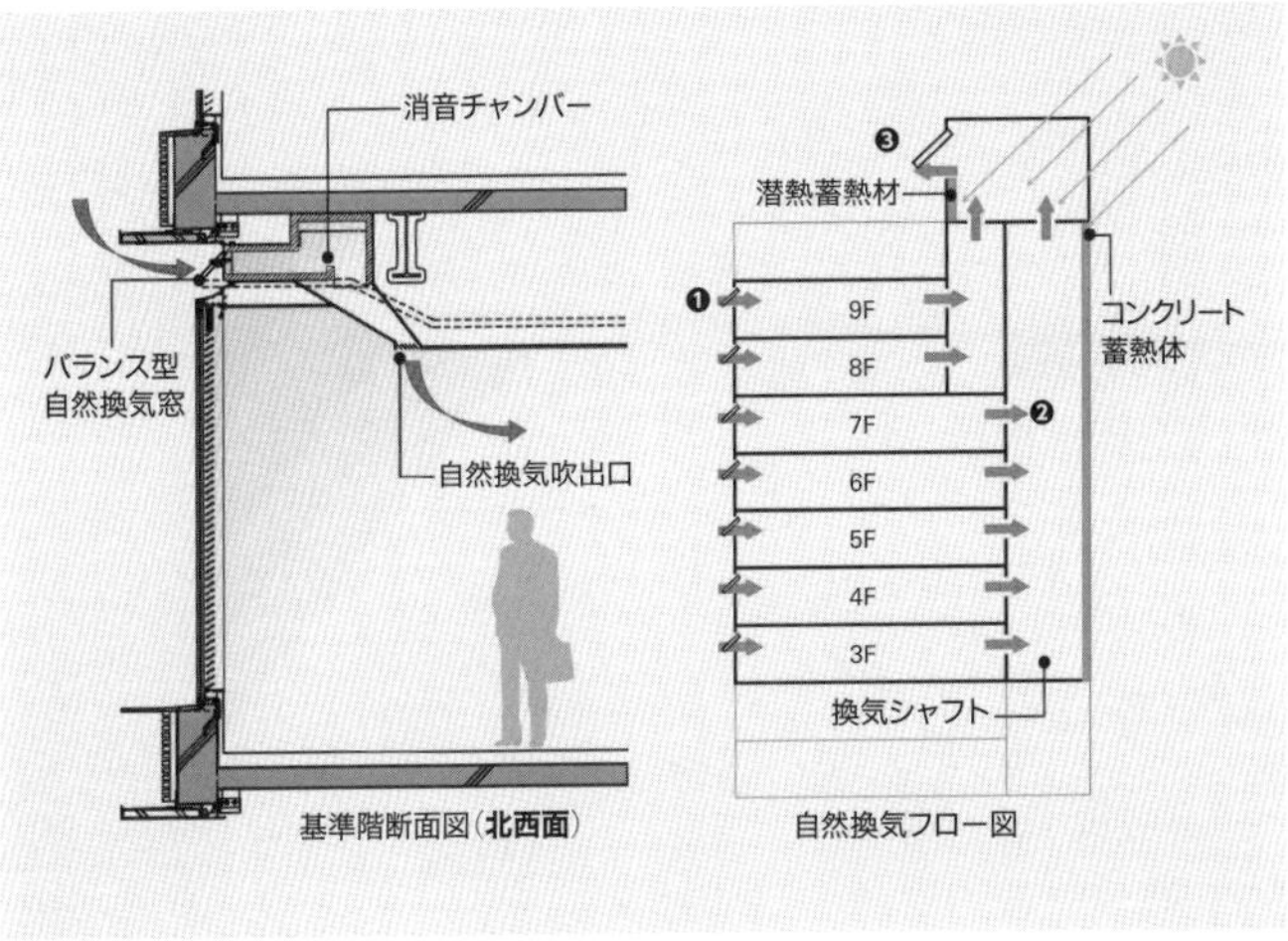

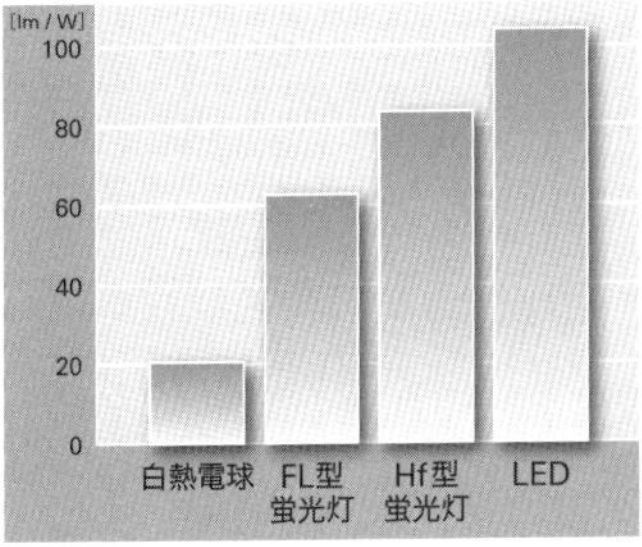

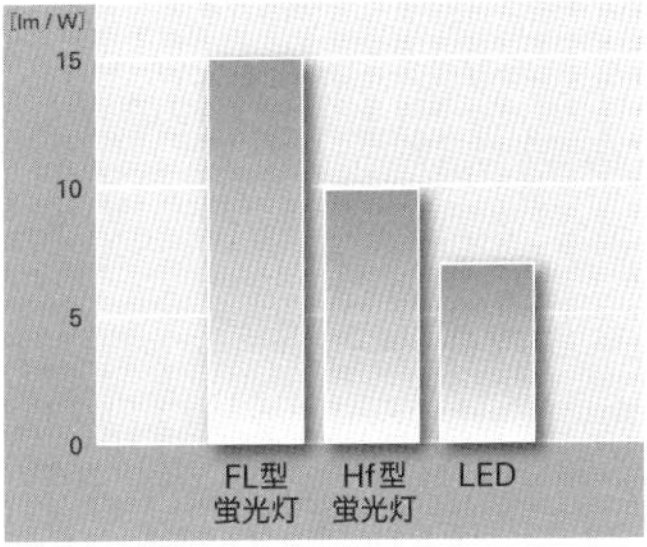

[**図4-8**]（**上**）ソーラーチムニーを利用した都心型自然換気の導入事例
ソーラーチムニーを介して、各階単独での自然換気判断ができる都心型テナントオフィスビル。
[**図4-9**]（**左下**）光源の効率
LEDは高効率化が進み、最近では100lm/Wを超える製品もある。
[**図4-10**]（**右下**）オフィス照明の効率（一般的オフィスで500ルクスの明るさを確保する場合）
LED照明はFL型蛍光灯の約半分、Hf型蛍光灯の20～30%の消費電力を低減できる。

の程度の光を出力できるかを示す数値)があげられます。この指標では、LED照明は白熱電球の約五倍の効率と言えます。

また、一般的なオフィスで必要な明るさ(五〇〇ルクス)を確保する場合、直管型蛍光灯(FL型やHf型)と比べてLEDの方が少ない消費電力となります。

❷――照明制御システム

照明制御システムの主な機能には、❶タイムスケジュールによる点灯・消灯、❷明るさセンサーによる自動調光制御、❸人感センサーによる自動調光・点灯・消灯制御、❹これらの組合せ制御があります。その目的は、「無駄を省く」です。必要な場所に必要な明るさを確保し、必要以上の明るさは削除する、それらを自動的に行うのが照明制御システムです。

明るさセンサーによる自動調光制御は、机上面あるいは床面があらかじめ設定した明るさ(目標照度)となるよう自動的に人工照明を調光する制御ですが、自然採光による省エネルギーを実現するには必須の機能といえます。

目標照度は任意に設定することができます。タスク照明を利用している間はアンビエント照明を低照度に設定する、といった使い方ができます。また、制御単位も任意に設定できます。細かな範囲で制御すれば(極端な場合では照明器具一台ずつ)、各個人の好みに合った明るさに設定することもできるため、居住者の満足度向上にも寄与するものと考えられます。

●システムの高効率化――空調システム

空調システムは、[図4-11]に示される熱源設備と、ポンプ等の水搬送設備、ファン等の空気搬送設備等に分類されます。

[1]――熱源機器・熱源システムの高効率化

熱源機器は、その能力に対する熱負荷の比率(部分負荷率)に応じて効率が変化し、一般的には部分負荷率が小さくなるに従って効率も悪くなるという特性があります[図4-12]。一方、熱負荷は年間を通じてほとんどの時間で部分負荷となっているため、空調システムにおいては熱

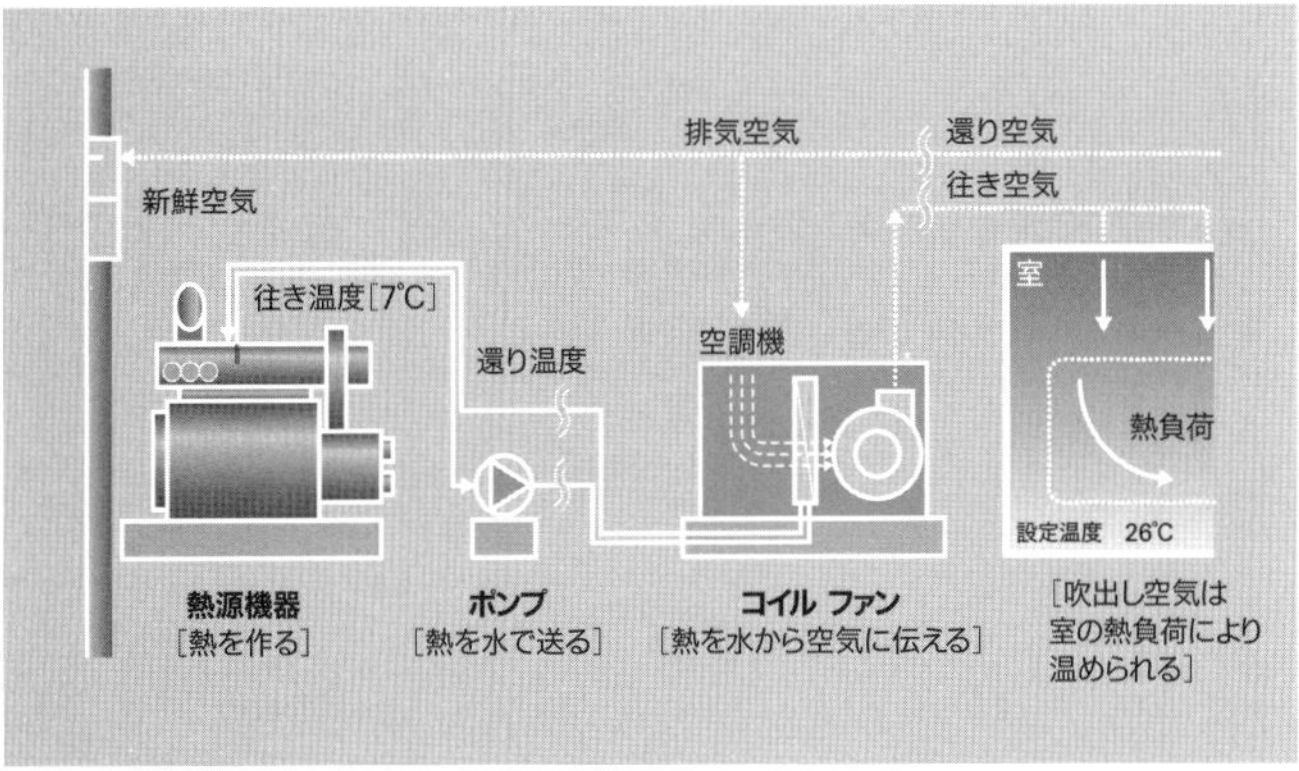

[**図4-11**] 一般的な中央式空調方式のシステム概念図
空調エネルギー消費量は熱を生成する「熱源設備」と、熱を必要とする場所まで移動させる「搬送設備(ポンプ、ファン)」が使用するエネルギー消費量から構成される。

負荷のピーク時間帯だけでなく、部分負荷の発生状況を考慮して熱源システムの機器選択、機器構成、運転優先順位等を検討する必要があります。

熱源機器・システムの効率は、一般的には、JIS基準に基づくCOP（成績係数、Coefficient Of Performance＝熱生成能力／エネルギー消費量）によって行われています。近年、冷凍機やヒートポンプのCOPの向上には目覚ましいものがあります。また、部分負荷運転時にも高効率を維持できる機器の開発も進んでおり、このような高性能のトップランナー機器を採用することは熱源機器の高効率化に大きく寄与します。

熱源システムは、冷凍機やヒートポンプといった熱源機器と、ポンプや冷却塔といった補助的な機器とから構成されます。このような補助的な機器は、負荷が大きくても小さくてもエネルギー消費電力が変わらないことが多く、高効率の機器単体の性能がよくても、ポンプや冷却塔でエネルギーを消費してしまって、熱源システム全体でみたときに、効率があがらないケースがあります。近年では、このようなことにならないよう、負荷に応じてポンプや冷却塔の電力が抑えられるよう、変流量制御方式とよばれる手法が多く採用されるようになってきました。

［2］――搬送設備の高効率化

水や空気の搬送に要するエネルギーは、流量に比例し、揚程（圧力損失）の二乗に比例します。また、搬送できる熱量は、温度差と流量に比例します。したがって、所定の熱量の搬送エネルギーを低減するためには、温度差を確保する、風量を小さくする、圧力損失を小さくする必要があります。

❶——負荷に応じて、流量（風量、水量）をできるだけ小さくする
❷——搬送温度差を確保して流量（風量、水量）をできるだけ小さくする
❸——搬送に必要な揚程（圧力差）をできるだけ小さくする
❹——搬送機器（ファン、ポンプ）の効率を高くする

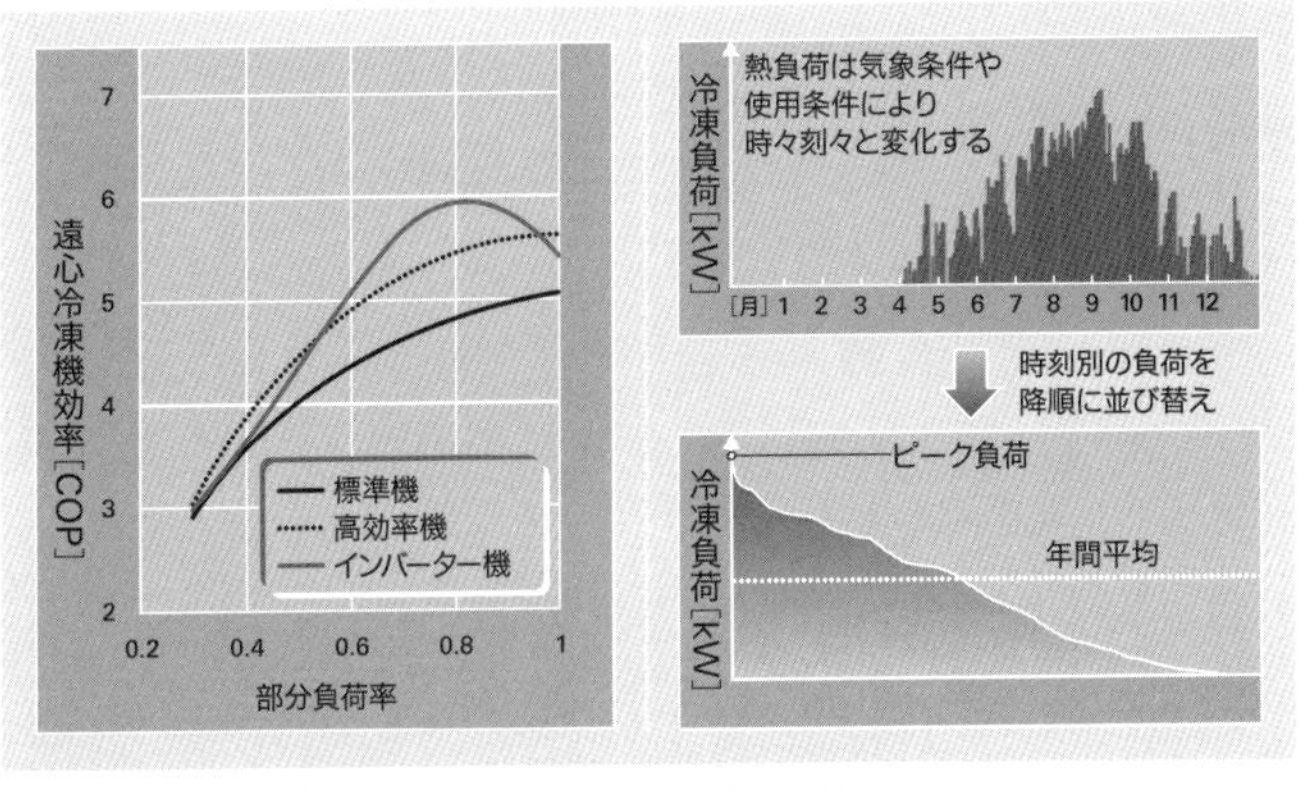

［**図4-12**］冷凍機の部分負荷効率と部分負荷の発生状況の例
熱源システムは、部分負荷効率と部分負荷の発生状況を勘案した年間での性能を考慮することが重要。

もっとも一般的にとられている対策としては、熱負荷の変化に対して、ファン（もしくはポンプ）の出入口温度差を一定とし、インバーターで風量、流量を変化させる変風量制御（VAV：Variable Air Volume）もしくは変流量制御（VWV：Variable Water Volume）があります。これらの手法の適用により、大幅な省エネルギーが図れます。

搬送温度差を確保する手法としては、通常の温度よりも低い温度（冷房の場合）で送風する大温度差送風方式、低温送風方式といった手法があります。例えば、搬送温度差を一四℃確保した場合は、搬送温度差七℃の場合の八分の一の搬送エネルギーで同じ熱量を運ぶことができます（ダクトサイズが同じ場合）。

圧力損失をできるだけ小さくするためには、搬送経路が短く、高低差が小さくなるよう、設備機器の配置をくふうする必要があります。また、配管やダクトのサイズに余裕を持たせることにより、摩擦による圧力損失を低減させるなどの方法も効果を発揮します。このあたりについては、建築計画との整合やコストとの見合いもあり、計画の初期段階で十分に検討する必要があります。

［3］――個別分散システムの高効率化

空調方式には、熱源システムと搬送システムで構成される中央熱源方式と、これらを一体化したパッケージエアコンを使った個別分散方式があります。

近年のパッケージエアコンの高効率化も目ざましいものがあり、COP、とくに部分負荷時のCOPを大幅に改善したものが開発されてきています。また、温度と湿度を別々に制御することで、室内環境の向上とCOPの向上をはかった潜熱・顕熱分離空調方式も開発されています。[図4-13]は、某メーカーが開発中のシステムですが、従来システムに対して、エネルギー消費量七〇パーセント削減という驚異的な省エネルギーポテンシャルを持っています。今後、このような高効率機器の普及は、エネルギー自立型建築を実現するために、欠くことのできないものとなってくるだろうと思います。

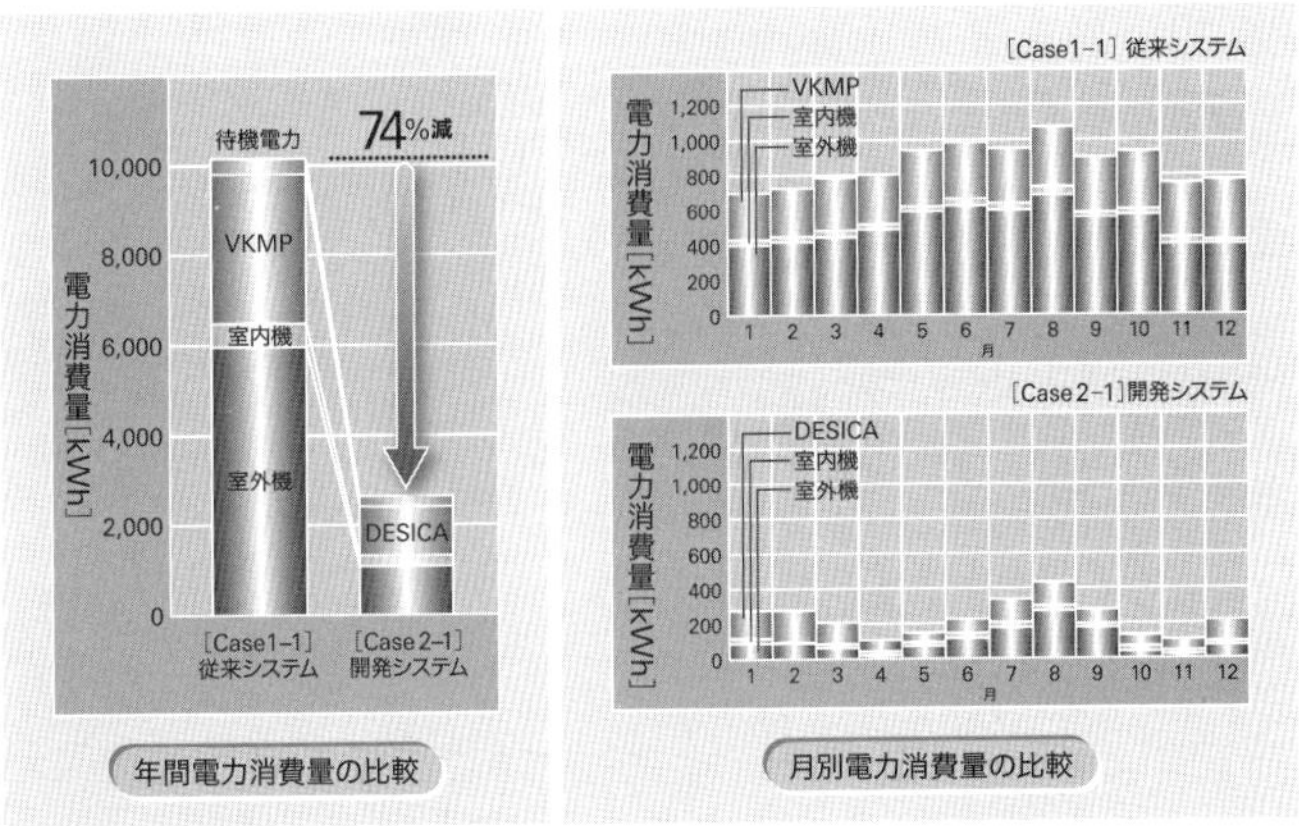

[**図4-13**] 高効率型個別分散型空調機の開発　エネルギーの削減効果試算
従来システムに比べて年間電力消費量を74%削減できるという試算結果が得られている。

◉システムの高効率化——電気設備

電気エネルギーは、❶電気を作る、❷変電（変圧）する、❸電気を使う、の三つのフェーズに分けて考えることができます。

❶——電気を作る

一般には電力会社が電気を発電しますが、需要家サイドである建物で発電することも少なくありません。発電しながら排熱も利用するコージェネレーションシステム（CGS）はその代表的なものです。

一般の電力会社から購入する電気エネルギーは、発電所で投入された一次エネルギーの五〇パーセント程度といわれていますが、近年、発電装置や排熱利用装置の高効率化によって、一次エネルギーの総合利用効率が七〇〜八〇パーセント程度となるCGSの事例もあります。排熱をいかに有効利用するかがポイントといえます。

❷——変電（変圧）する

オフィスや商業施設等の業務ビルは、六・六キロボルトや六六キロボルトのように高い電圧で電力会社から受電します。居住者が使用する一〇〇ボルトや二〇〇ボルトの電圧とするためには、「変圧器」によって電圧を変換する（変圧する）必要があります。そして、エネルギーの変換には必ず損失が発生します。

二〇〜三〇年前の変圧器は、平均的に一・五パーセント程度の損失がありましたが、最新の高効率変圧器では、一・〇パーセント以下に低減されています。たった〇・五パーセント程度の違いですが、二〇一〇年時点で日本国内に残存している変圧器は二七八万台（総合資源エネルギー調査会　省エネルギー基準部会　変圧器判断基準小委員会　最終とりまとめ、二〇一一年一二月　経済産業省）、平均容量を200kVAと仮定すると、総容量は556GVAとなります。そのすべてで〇・五パーセントの効率改善を行うと、年間24,352GWhの損失を低減できる計算になります。

❸——電気を使う

近年、とくにオフィスビルでは、コンセントで使用される機器の電力使用量が増加しています。代表的なものはOA機器です。この効率化は機器そのものの効率化を待つほかありませんが、待機電力を抑制するために使用していない時間帯に電源回路をオフするなど、利用者にもできる工夫はありそうです。

❹——その他に（電気を貯める）

太陽光や風力等の再生可能エネルギーへの転換、モバイル機器の普及、災害に備えた蓄電など、電力貯蔵に対するニーズが増えてきています。今後は、電力貯蔵設備（蓄電池）

の充放電システムの高効率化も重要な要素技術といえます。

●システムの高効率化――その他のシステム

その他のエネルギー消費システムとしては、換気システム、エレベータやエスカレータ等があります。これらは、連続運転による無駄なエネルギー消費量が少なくないので、タイマーによる間欠運転や人感センサーを用いた運転制御など、不必要な運転をできるだけ減らすくふうが必要です。

病院やホテルといった業務施設、住宅では、給湯システムが消費するエネルギーが他の用途に比べて大きく、給湯システムの高効率化も重要になります。

高効率の給湯機器を採用するとともに、配管の熱損失を減らす等の省エネルギー努力が必要です。また、シャワーヘッド等に節水型器具を採用することは、水資源の節約にもつながり、地球環境保護に大きく貢献します。

●未利用エネルギーの活用

未利用エネルギーは、もともと自然界に存在する自然エネルギー（河川水、海水、地下水等の温度差エネルギー）と都市活動より排出される都市排熱（工場排熱、ごみ焼却排熱、下水処理排熱等）に大別されます。

未利用エネルギーは、一般的にエネルギー密度が小さいため、その賦存量が地域や施設のエネルギー需要量に対して十分ではない場合が多く、補助的な利用に限定されるのが一般的です。

未利用エネルギーの採用においては、その賦存場所に近接していることが重要な導入判断基準となります。未利用エネルギーの供給安定性は、河川水、海水などの地域の状況や気候風土の影響を受ける場合や、工場排熱や清掃工場排熱のように施設の稼働状況の影響を受ける場合など、エネルギー源の種類によってさまざまです。

[写真4-6]は、大阪の某地区における河川水利用の事例です。この例では、二つの河川に挟

[**写真4-6**] 大阪某地区における河川水利用
河川水を冷凍機器の冷却水に利用することで、熱源システムの高効率化を実現。

まれた中州という立地条件を最大限に活用し、取水する河川と放水する河川を別にすることで、取水と放水のショートカットによる温度上昇の影響をなくすとともに、放水側河川の水質改善をはかっています。運転実績によれば、河川水利用により、一五〜二〇パーセント熱源機器効率が向上しています。

これ以外にも河川水や海水を利用した事例は、主に、地域熱供給システムで多く採用されています。なお、海水、河川水等を利用する場合には、排水による河川の温度上昇や流況変化による生態系への影響などについても検討する必要があります。

●再生可能エネルギーの導入

再生可能エネルギーとは、「エネルギー源として永続的に利用することができると認められるもの」（エネルギー供給事業者による非化石エネルギー源の利用及び化石エネルギー原料の有効な利用の促進に関する法律）。太陽光、風力、水力、地熱、太陽熱、大気中の熱その他の自然界に存する熱、バイオマスが規定されています。

再生可能エネルギーには、❶出力が天候等の自然状況に影響を受ける、❷地形等の条件から設置できる場所が限定される、❸出力が大きく変動するため安定供給に問題が生じる可能性がある、といった特徴があります。そのため、大規模な発電として再生可能エネルギーを利用する場合には、発電出力の抑制や蓄電池の設置等の対策が必要になります。

代表的な再生可能エネルギーとして、太陽光発電があげられます。

太陽光発電は、電力会社の商用電力系統と連係運転して電力を供給することが一般的です。都心型建物では発電パネルを設置できる場所が限られ、発電量も少ないことから、発電した電力はすべて自己消費する場合が多くなっています。郊外等に大規模な発電パネルを設置する場合（メガソーラー）には、電力会社へ売電することもあります。メガソーラーの場合には発電容量が大きいため、発電出力の変動が電力系統の周波数や電圧を不安定にさせる、といった指摘もありますが、近年、多くのメガソーラーが実稼働しています。

また、太陽光発電にはピーク電力の抑制効果も期待されますが、発電量が日射量に影響を受けるため、安定してピーク電力が抑制できるとは限りません。したがって、蓄電池との併用が主流となっています。

このような場合、大容量蓄電池（リチウムイオン電池とＮＡＳ電池）を組み合わせて、ピーク電力の抑制と電力系統の安定化をはかります。発電電力を蓄電池へ充電しておくことで、日射量が少ない場合にも蓄電池からの放電によって電力ピークを抑制することが可能です。また、複数用途では電力ピークに「ずれ」が生じることから、太陽光発電による電力を、平日はオフィスビルへ優先的に供給し、休日は商業施設へ優先的に供給するように融通できます。建物単体でシステムを構成するよりも、再生可能エネルギーへの依存率を高めることができます。

●エネルギーマネジメント

真に、エネルギー自立型建築を実現させるためには、計画された建物やシステムが適正に運用され、所定の性能を発揮しているかどうかを、ライフサイクルにわたってマネジメントしていく必要があります。このような考え方をライフサイクルエネルギーマネジメントと呼びます。〔図4-14〕に、ライフサイクルエネルギーマネジメントの概念を示します。このように、建築の企画、計画段階から、設計、施工、運用段階に至るまで、ライフサイクルにおいてエネルギーシステム性能を確認する手順が求められます。

システム性能を確認する手段として、システムシミュレーション手法が有効になります。〔図4-15〕に示すように、計算上のエネルギー消費量と、実際のエネルギー消費量を比較することで、システムのエネルギー性能の妥当性を確認することができます。実際のエネルギー消費量が計算上の値よりも大きければ、何らかの不具合があると考えられるので、改善していく必要があります。

また、エネルギー自立型建築では、電力や再生可能エネルギーの利用状況等がリアルタイムで見えるよう、エネルギーの「見える化」が必要です。〔写真4-7〕は、韓国での事例ですが、B

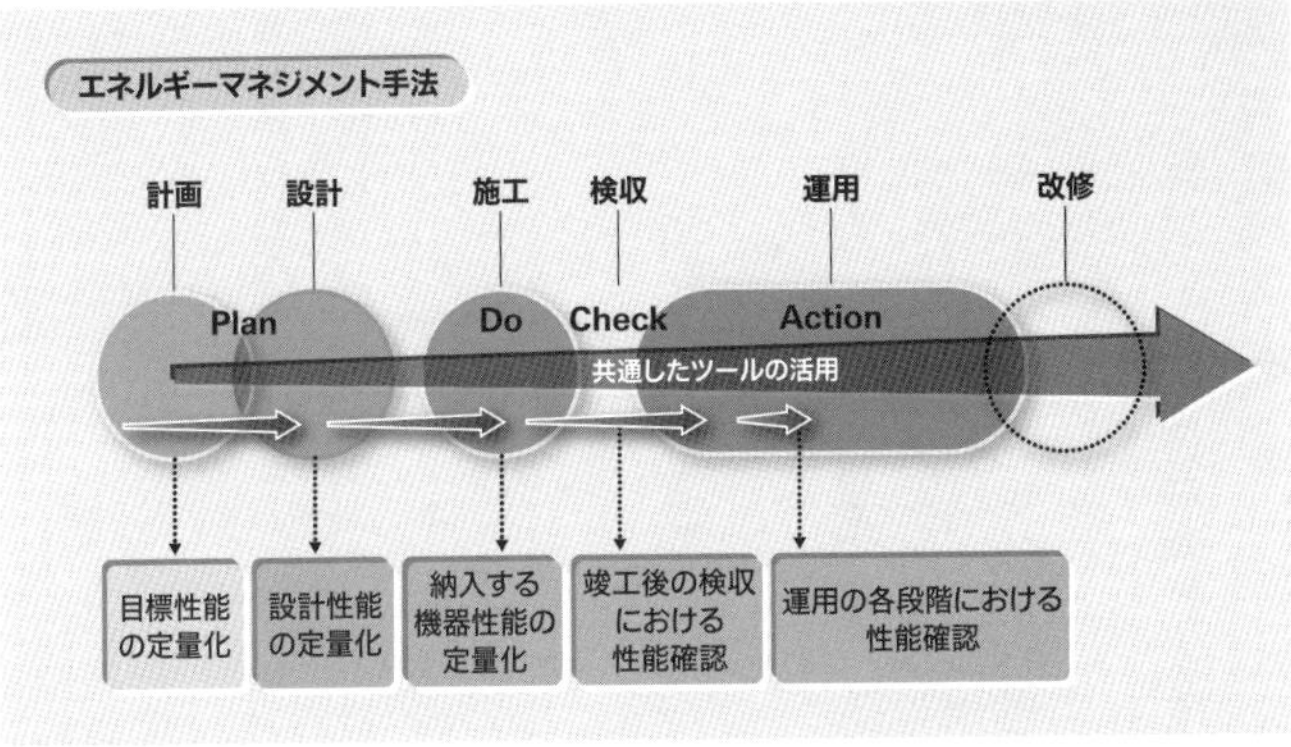

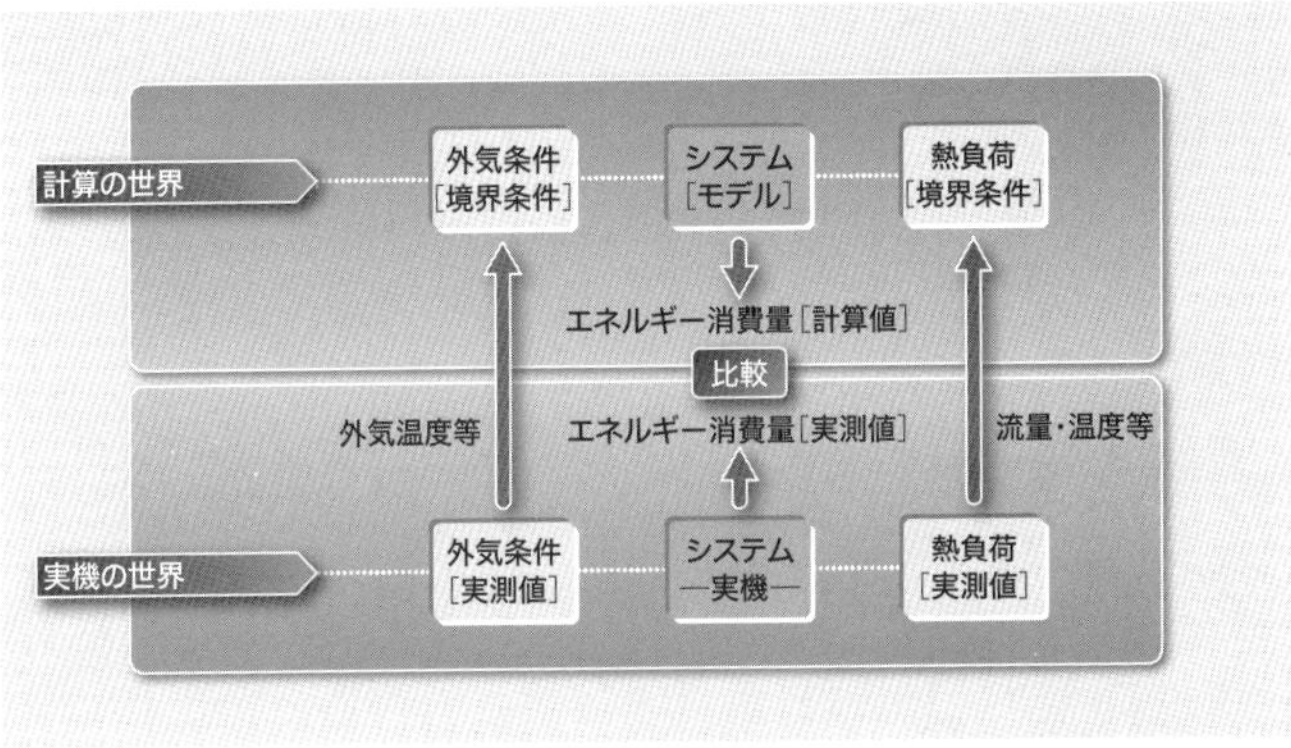

［**図4-14**］ライフサイクルエネルギーマンジメントの概念
計画・設計から施工、運用にいたるライフサイクルでエネルギー性能を確認する必要がある。
［**図4-15**］シミュレーションによるシステムのエネルギー性能の検証
計算の世界と実機の世界を比較して、システムのエネルギー性能を確認する。

ＥＭＳ（Building Energy Management System）にリアルタイムに電力の消費量と生成量が表示され、建物のエネルギー収支がひと目でわかるようになっています。

●資源・材料への配慮

建築物にかかわるエネルギー消費、温室効果ガス排出は、運用段階におけるエネルギー消費に伴うものだけでなく、建設段階から廃棄の段階まで、すべてにおよびます。

とくに建設段階においては、非再生性資源の使用量削減を目的とした３Ｒ（Reduce, Reuse, Recycle）の取組みが重要です。

非再生性資源の使用量削減のためには主に、以下のような対策があります。

❶――材料使用量の削減

高強度材の使用による材料の低減、鉄筋定着部の工夫により鉄筋使用量を削減、等

❷――リサイクル材料の利用（構造材、非構造材）

既存躯体、高炉セメント、再生加熱アスファルト混合物、グリーン調達品目の利用、等

❸――持続可能の森林からの樹木の利用

間伐材、第三者認証樹木等の利用

❹――部材の再利用の可能性と、その向上への取組み

躯体と内装材（躯体＋ペンキ仕上げ等）、内装材と建築設備などの分別解体を容易にする

また、水利用量の削減、フロンガス（冷媒、発泡剤）の使用回避なども重要です。

●オフサイトの取組み

CO_2排出量を削減する取組みの一つとして、他人からCO_2削減量の付加価値のみを購入するというオフサイトでの手法があります。たとえば、都心などの自らの敷地内で再生可能エネルギーの設置が困難な建築主や事業者が、ある団体が別敷地に設置した太陽光発電設備による発

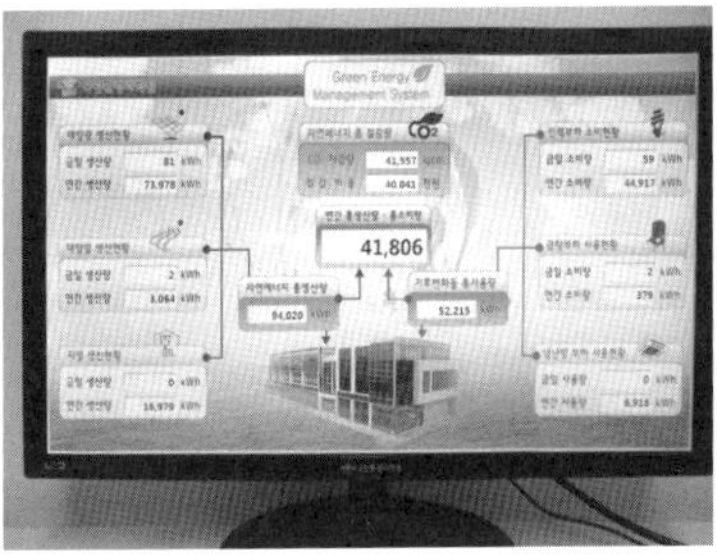

［**写真4-7**］BEMSによるエネルギーの見える化事例
リアルタイムでエネルギーの消費量と生成量が表示されている。

電を証書やクレジットという形で購入できるようにしている経済的プログラムなどがそれに当たります。

これらの証書等は公的に管理される必要があり、第三者機関による認証を受けたオフセット・クレジットの代表的なものとしては「グリーン電力証書［図4-16］」、「グリーン熱証書」、「国内クレジット制度」、「オフセット・クレジット制度」等がある他、東京都や京都市などが自らの制度へ活用するために実施しているクレジットなどがあります。

これらの手法は、省エネ、省CO_2を実施したいと考える建築主や事業者において、実施に要するコストよりも外からクレジットで購入する方が安い場合や、立地条件や土地利用状況から十全に実施できない場合に、ニーズがあります。3章4節で示したとおり、都心部などでは一般的に太陽光発電設備等の設置可能規模も制限されてしまうため、このような経済的プログラムの利用により、エネルギー自立、温室効果ガスのゼロ・エミッションを目指すという可能性を選択することができます。

●地域エネルギーシステムとの連携

エネルギー自立型建築は、徹底した省エネルギーと再生可能エネルギーの利用を組み合わせることが重要です。しかし、単体の建物においてエネルギーの需要量と生成量を、時々刻々バランスさせることはきわめて困難です。そのために必要な蓄電設備や発電設備を設置することは、スペースやコストの制約があって難しいからです。したがって、自立建築といえども、地域エネルギーシステムとの連携は必要です。また、建築単体のエネルギーから地域全体のエネルギーに視野を広げることで、さまざまなエネルギー需要と分散する地域エネルギー供給施設を組み合わせた高効率なエネルギーインフラを構築することもできるようになります。近年、盛んになってきた「スマート・エネルギー・ネットワークシステム」はそのひとつの例です。スマート・エネルギー・ネットワークシステムには、次のような特長があります。

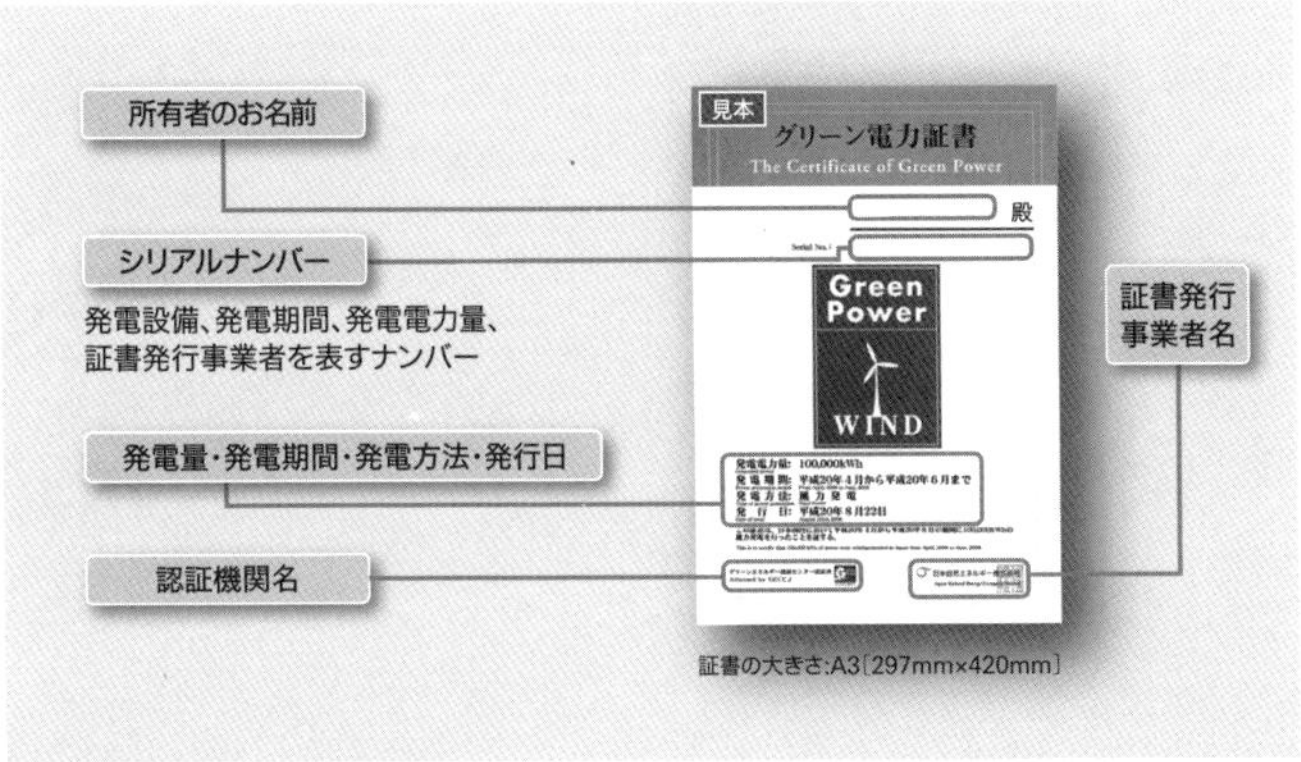

[**図4-16**] グリーン電力証書の見本
グリーン電力証書は量（kWh）として購入するものであるため、どの目的の用途に利用したかを購入者は説明する必要がある。

[1]──地域エネルギーネットワークの構築

都心部ではごみ焼却や下水処理等の都市排熱、郊外では太陽光やバイオマス等の再生可能エネルギーが導入しやすい環境です。ウォーターフロントでは海水や河川等の利用が効果的です。これらを組み合わせて、さらに、スケールメリットを生かしながら高効率に電気や熱を供給するエネルギーネットワークを構築することが、未利用・再生可能エネルギーへの依存度を高め、エネルギー自立型建築の実現につながります。

[2]──需要者と供給者の協調が大切

エネルギー供給システムを高効率に運転するには、効率を低下させる需要の変動（低下）を少なくするとともに、設備容量を過大にしがちなピーク需要を抑制する必要があります。

需要者が需要調整（ピークカットやエネルギー貯蔵）を行うかたわらで、供給者が需要者の協力を促す仕組み（ダイナミックプライシングなど）を提供することが大切です。

[3]──ICT（情報通信技術）活用によるスマート・エネルギーネットワーク

エネルギー需給のバランスを保ち、需要者と供給者の協調を促すには、ＩＣＴの活用が不可欠です。従来のエネルギー使用量管理やエネルギーシステムの最適運転制御に加え、次のような領域においてもICTの活用が欠かせません。

❶——**需要量の予測**

建物用途や使い方から翌日・翌週以降の需要を予測し、供給システムの最適化運転に備える。

❷——**供給量の予測**

太陽光発電をはじめとする再生可能エネルギーによる発電量を予測し、蓄電池の充電・放電量を制御する。

❸——**「見える化」**

エネルギー使用量やインセンティブ制度（エコポイント、ダイナミックプライシング等）の情報を、ポータルサイトや電子メール等を使用して直接的に需要者へ知らせる。

❹——**即時応答制御**

再生可能エネルギー供給量と需要量の時刻変動を、即時に蓄電池や発電機で吸収し、電力の需給バランスをとり、系統全体の安定化をはかる。

4.3——エネルギー自立型建築のコスト評価

●限界削減費用曲線によるコスト評価

建物の省エネルギーには、これまで見てきたように、いくつかの対策が考えられます。そのうち、どの対策を優先するのか。また、どのような組合せが効果的で、最大でどの程度の省エネルギーがはかれそうなのか。こうした情報については、一般的にほとんどのビルオーナーの認識は不十分です。そのため、環境対策を導入しようにも、初期投資の増額を認めてもらうのは容易ではありません。従来の光熱費が削減されることにより、投資分が回収できる場合でも、十分な検討がなされないまま、導入が見送られる場合がほとんどなのです。

温室効果ガスの排出量を追加的に1トン削減するために必要な費用のことを「限界削減費用」［図4-17］といいます。この値がマイナスになるような対策を導入すれば、排出権取引により、利益を上げることができます。逆に値が大きければ、投資回収が難しい対策であるというわけです。これをあらゆる対策に施し、値が小さい物から順番に並べた曲線を限界削減費用曲線といい、削減総量等の目途をつける際にも参考になります。

［図4-18］に、東京にある事務所ビルにおける試算結果を示します。建築的対策や再生可能エ

対策コスト(円/t−CO₂) =

❶[初期導入費用(円)]/[投資回収年数(年)]−❷[光熱水費削減額(円/年)]+❸[メンテナンス費用増加額(円/年)]

―――――――――――――――――――――――――――――――

❹([年間省エネルギー量(MJ/年)]×[CO_2排出係数(t−CO_2/MJ)])

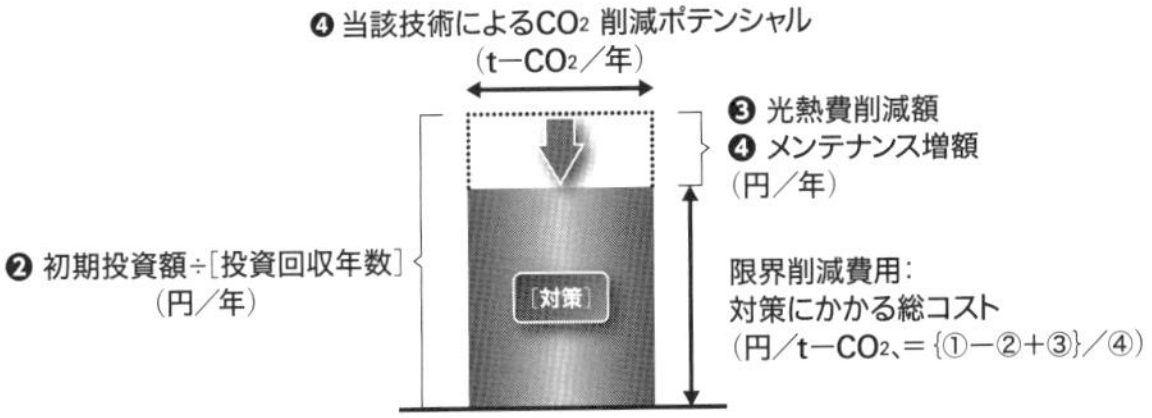

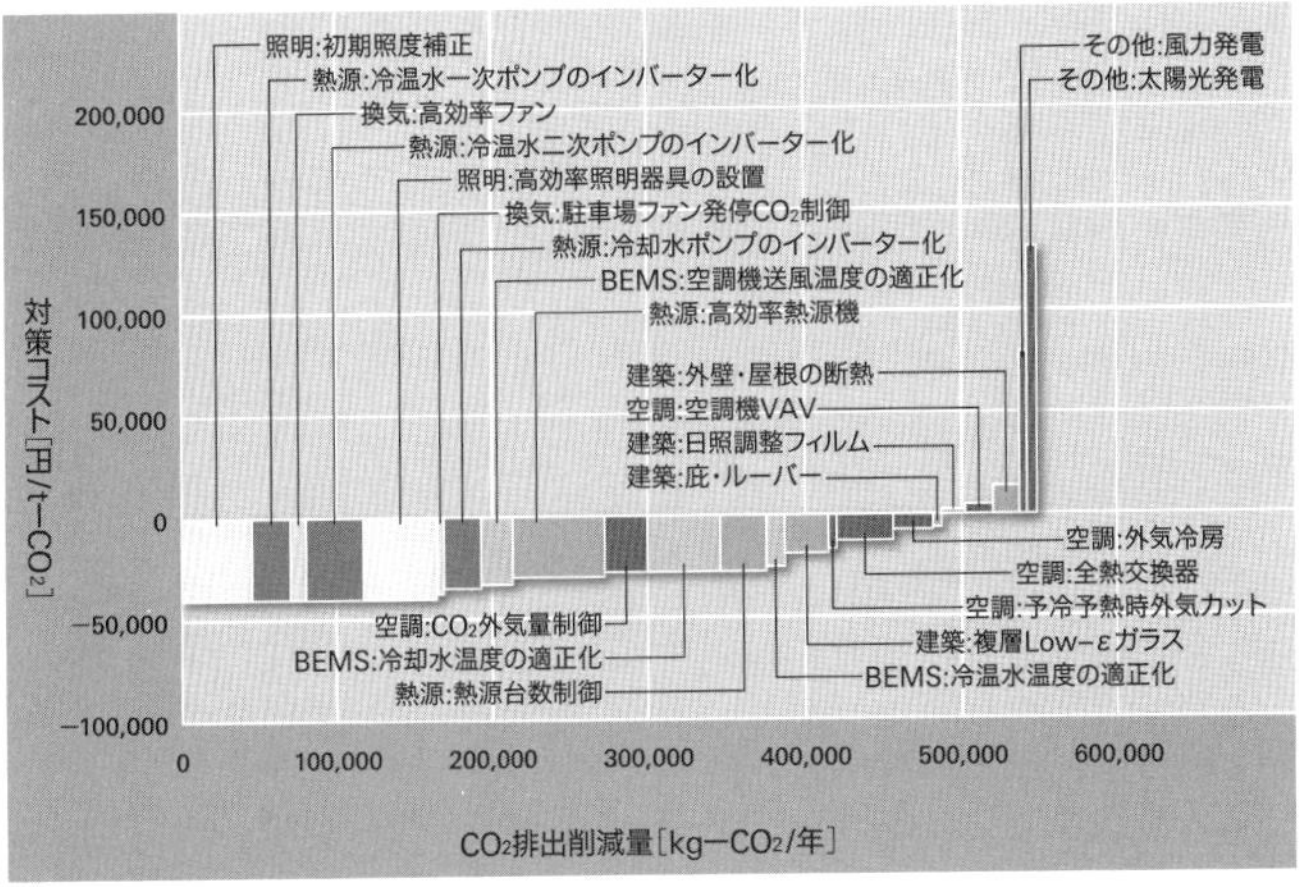

[**図4-17**] 限界削減費用(対策コスト)の定義

[**図4-18**] 限界削減費用曲線の計算例

(新築、事務所ビル、投資回収年数は耐用年数を参考に設定)

新築の事務所ビルにおいて、汎用技術は概ね対策コストがマイナスとなっており、導入をより加速されるべきことが示されている。

ネルギー等において、対策コストが大きな値を示しており、導入のバリアになっていることがわかります。

エネルギー自立型建築は、省エネルギーと生成エネルギーとの両輪で成り立つものです。これらの分析を通じて、省エネルギーの目標値等を設定することで、経済性を確保することができます。

●再生可能エネルギー利用とそのライフサイクルコスト評価

再生可能エネルギーを利用する場合のライフサイクルコスト評価を行ってみましょう。ここでは太陽光発電設備を対象に、装置の寿命期間中（二〇年と設定）の経済性について評価してみます。

再生可能エネルギーのライフサイクル評価は、初期導入費用、売電による収入、更新費用等に加えて、維持管理費、固定資産税、経年劣化、実効税率、割引率等を勘案し、フリーキャッシュフロー（FCF）を計算します。また、売電収入には「再生可能エネルギーの固定価格買取制度」を考慮し、太陽光発電の買取価格を37.8円/kWh（平成二五年度買取価格、10kW以上）としました。

［図4-19］より、FCFの積算額は一七年目を境にプラスに転じ、評価期間全体では利益が得

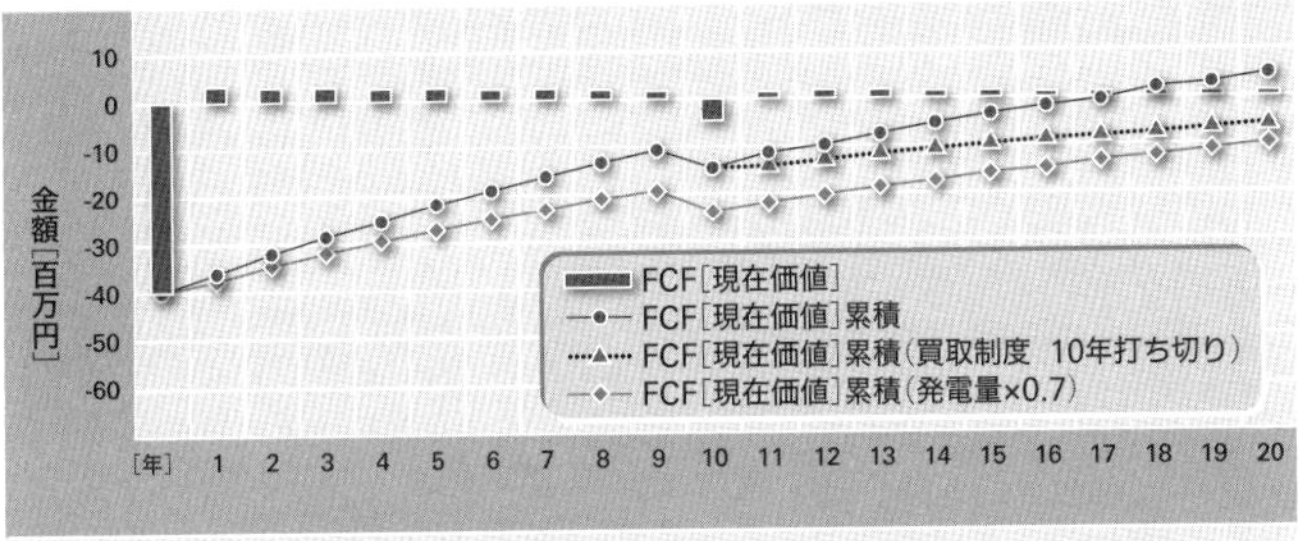

計算条件▶

設置面積	784m²	建設費	400千円/kW
設置傾斜角	30°(南向き)		40,000千円
経年劣化率	1.0%/年	更新費用	10000千円/10年
		法定耐用年数	17年
定格発電量	100kW	維持管理費率	2.0%/年
年間発電量	182MWh/年(初期値)	固定資産税率	1.4%/年
評価期間	20.0年	実効税率	40.0%
		割引率	5.0%
買取価格	37.8円/kWh		

[**図4-19**] 太陽光発電導入によるフリーキャッシュフロー(現在価値換算)金額の推移
太陽光発電設備は買取制度等の優遇措置によりライフサイクルでの経済性が成立しているが、現段階の価格ではまだまだ投資回収期間は長くなる。

られることになります。

ただし、設置傾斜角や方位角の制約、日影の発生等の問題で発電量が三〇パーセント低下した場合や、国の財政状況の悪化により買取制度が一〇年で打ち切りになった場合等を想定すると、必ずしも二〇年間でのFCF累積額がプラスにはならないこともわかります。

このように、現状の再生可能エネルギー利用のライフサイクル経済性は、寿命期間中の所定の発電量確保と固定価格買取制度に強く依存しており、注意が必要です。

第5章

エネルギー自立型建築、実現のケーススタディ

5.1――オフィスビルにおけるケーススタディ

オフィスビルを自立型建築にすることはできるのでしょうか。ここでは、比較的敷地に余裕のある郊外に建つ郊外型オフィスビルと、都心部に建つ都心型オフィスビルをモデルに、実現可能性を試算してみることとします。

レファレンス、省エネルギー、エネルギー自立型の三段階の建物モデルを設定し、それぞれのモデルについて年間エネルギー消費量と太陽光発電によるエネルギー生成量を試算します。そして、施されたさまざまな手法によって、どの程度の省エネルギー効果が得られるのか、また、再生可能エネルギーによる自立型建築は本当に実現できるのかどうかを数字で確認してみます。

●郊外型オフィスビルモデルの想定

まずは、郊外型オフィスビルについて検討します。

郊外では、都心部に比べて建物密度が低く、敷地に余裕があるため、比較的低層建物が多くなります。ここでは、3章4節で述べた東京近郊都市の平均的な事務所ビルを想定し、地上三階建て、延床面積が約四八〇〇平米の事務所ビルを郊外型オフィスビルのモデルとして試算しました。

試算にあたり、三段階の省エネルギーレベルの建物を設定しました。まず、基準となる「レファレンスモデル」、比較対象として、「省エネルギーモデル」、「エネルギー自立型モデル」の合計三つのモデルを設定しています［図5–1］。

●各モデルにおける省エネルギーのための工夫

［表5–1］に各モデルの建物性能を、［表5–2］に各モデルの空調システムの性能を示します。

「省エネルギーモデル」の外壁や窓の断熱性能は、現状の標準的な省エネルギービル並みとし、窓面には庇を設けました。照明は、Hf型蛍光灯に自動調光システムを導入して、照明電力量の低減を図っています。空調機器は、現状のトップランナー機器の性能程度を想定しています。

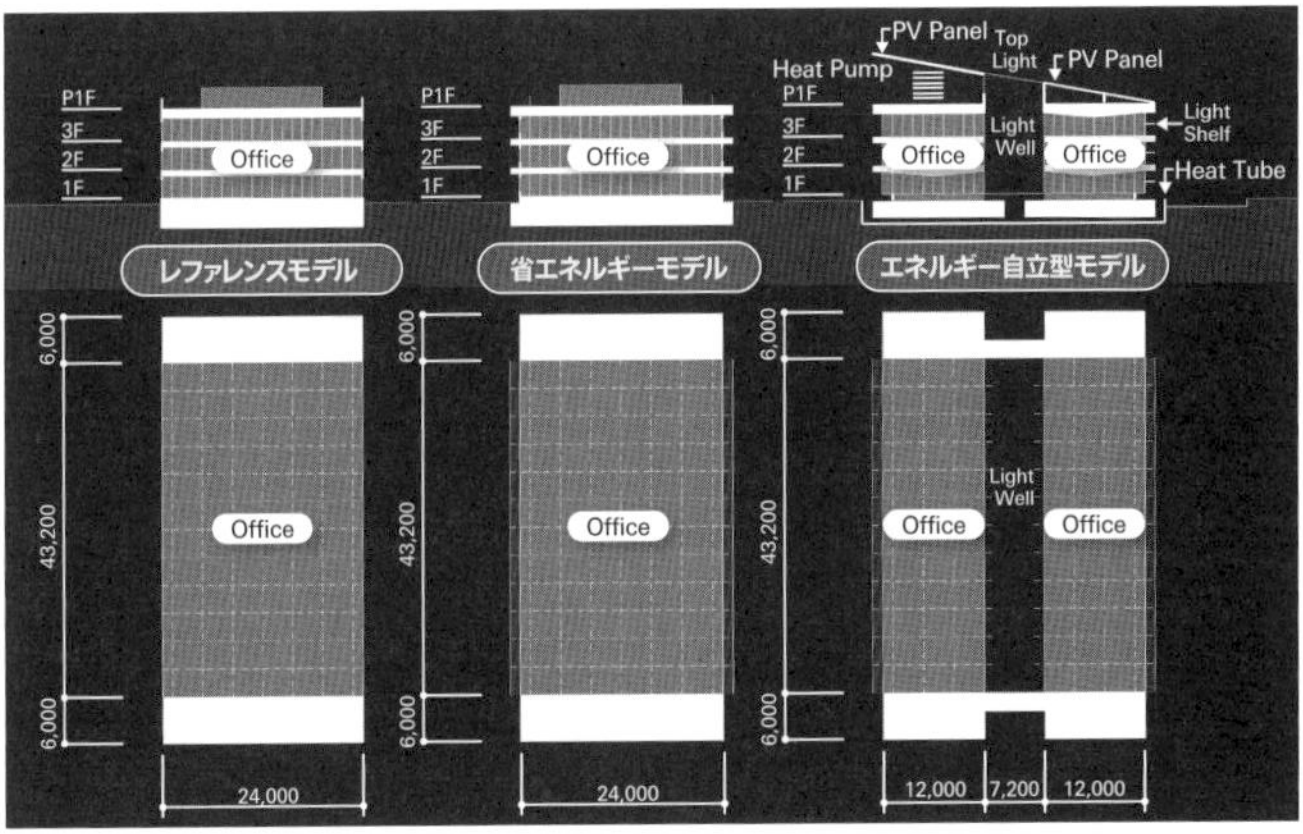

［**図5–1**］モデル建物の設定「郊外型オフィス」
エネルギー自立型モデルは、中庭を設け、屋上に太陽光発電パネルを設置している。

「エネルギー自立型モデル」では、外壁や窓の断熱性能をさらにワンランク向上させ、窓面には、ライトシェルフを設けました。ライトシェルフは、直射日光を遮りつつ、庇の上面で反射した光を室内に取り込み、天井でさらに反射させて、間接光として部屋に穏やかな自然光を導く効果があります。また、北棟と南棟に分割して、その間に中庭を設けた建物形状は、中庭を介してより多くの自然光を室内に取り込み、照明に必要な電力量を減らすことができます。さらに、中庭は、煙突の役割となって、屋外の新鮮な空気を自然に部屋の中に引き込む「自然換気」も期待できます。これにより、暖房から冷房、または冷房から暖房への切り替わりの時期である四月と一一月は、屋外の気持ちの良い空気をできるだけ多く取り入れて、空調を利用しなくても快適に過ごすことができるようになります。

照明は、LED照明による自動調光制御とし、ブラインド自動制御を組み合わせて、昼光利用率を高めています。空調機器は、将来的な開発を見込んで、現状のトップランナー機器の性能よりもワンランク高い性能としています。

なお、コンセントの電力消費量についても、パーソナルコンピュータの高性能化、シンクライアント化、待機電力の低減対策等を勘案して、各モデルで少しずつ異なる数値を設定しています。

さらに、「エネルギー自立型モデル」では、再生可能エネルギーを活用する仕組みとして、屋

		レファレンスモデル	省エネルギーモデル	エネルギー自立型モデル
		Reference Building	Low Energy Buiding	Energy Independent Buiding
建築概要	所在地	東京		
	規模	延床面積:4,800m^2　建築面積:2,000m^2		
	構造	地上3階		
	採光	片面採光(中庭なし)	片面採光(中庭なし)	両面採光(中庭)
外皮性能	外壁	内断熱 K= 1.03 W/m^2·K	内断熱 K= 0.6 W/m^2·K	内外断熱 K= 0.37 W/m^2·K
	窓	窓面積比率 47% (高さ 1.8m 連窓)	窓面積比率 42% (高さ 1.6m 連窓)	窓面積比率 62% (高さ 1.6m 連窓+欄間 1.4m)
		単層ガラス 6mm K = 4.8W/m^2·K	同左	エアフロー+Low- ε相当 K = 1.8W/m^2·K
	庇	なし	1.25 m	1.25m +ライトシェルフ
内部発熱	照明	14.1W/m^2 750lx(Hf 照明)	6.8W/m^2 500lx (Hf 照明+自動調光)	1.6W/m^2 500lx (LED+自動調光+ブラインド制御)
	機器発熱	20W/m^2	15W/m^2	10W/m^2
	待機電力	5W/m^2(夜間のみ)	5W/m^2(夜間のみ)	2.5W/m^2(夜間のみ)
外気導入	自然換気	なし	なし	あり
	外気量	5m^3/h·m^2	5m^3/h·m^2	5m^3/h·m
空調条件	室使用時間	平日のみ 9:00〜19:00(10 時間)		
	室内温湿度条件	夏期(5〜10月):26℃/50%		夏期(5〜10月):26℃/50%
		冬期(12〜3月):22℃/40%		冬期(12〜3月):22℃/40%
		中間期:24℃/50%		中間期:空調なし(自然換気)

			Reference Building	Low Energy Building	Energy Independent Building
空調システム			個別分散型空調システム		
室外機	定格効率	冷房	3.0	5.0	7.0
		暖房	3.5	5.5	7.5
	部分負荷特性		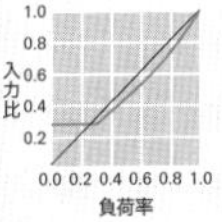	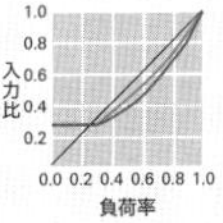	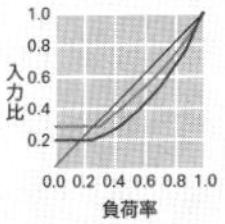
室内機	冷媒制御		蒸発温度一定	蒸発温度一定	蒸発温度可変(高顕熱型)
	バイパスファクター		0.15	0.1	0.05
	ファン制御		なし	なし	サーモオフ時のファン停止
	ファン効率(比)		1.0	1.3	1.5
外気処理	システム		全熱交換器		
	全熱交換効率		60%	70%	80%
	外気導入量		5 m^3/h·m^2		
空調運転期間			冷房:4〜11月 暖房:12〜3月		冷房:5〜10月 暖房:12〜3月

[**表5-1**] 各モデルの建物性能

[**表5-2**] 各モデルの空調システム性能

*エネルギー自立型ビルの室外機の定格効率、部分負荷特性については、
将来的な機器開発による効率向上を見込んでいる。

根面に、南向き、設置角二〇度程度で八〇〇平米の太陽光発電パネルを取りつけ、エネルギー自立を目指します。

●窓まわりの工夫による昼光利用率の向上

［図5–2］に各モデル建物の基準階断面図と平面図を示します。部屋の奥行一二メートル、天井高二・八メートル、横連窓のオフィス空間を想定しました。レファレンスモデルは庇無し、省エネルギーモデルは一・二メートルの庇有りとし、エネルギー自立型ビルは、ライトシェルフと斜め天井および南北両面採光によって部屋の奥まで採光できる断面形状を想定しました。［図5–3］に各モデル建物の自然採光による室内照度分布の計算結果を示します。エネルギー自立型モデルでは部屋全体に自然光が行き届きいていることがわかります。

室内を決められた明るさに保つために、自然光でどの程度をまかなえるか、これを昼光利用率といいます。

［図5–4］に各ケースの時刻別昼光利用率の計算結果を示します。レファレンスモデル（手動ブラインド）の平均昼光利用率は約四〇パーセントであるのに対し、エネルギー自立型モデル（自動角度制御ブラインド）では約八〇パーセントに増加しています。一年を通じて、高い昼光利用率を維持しており、自動角度制御ブラインドでは、太陽高度が低い冬季においても自然採光の

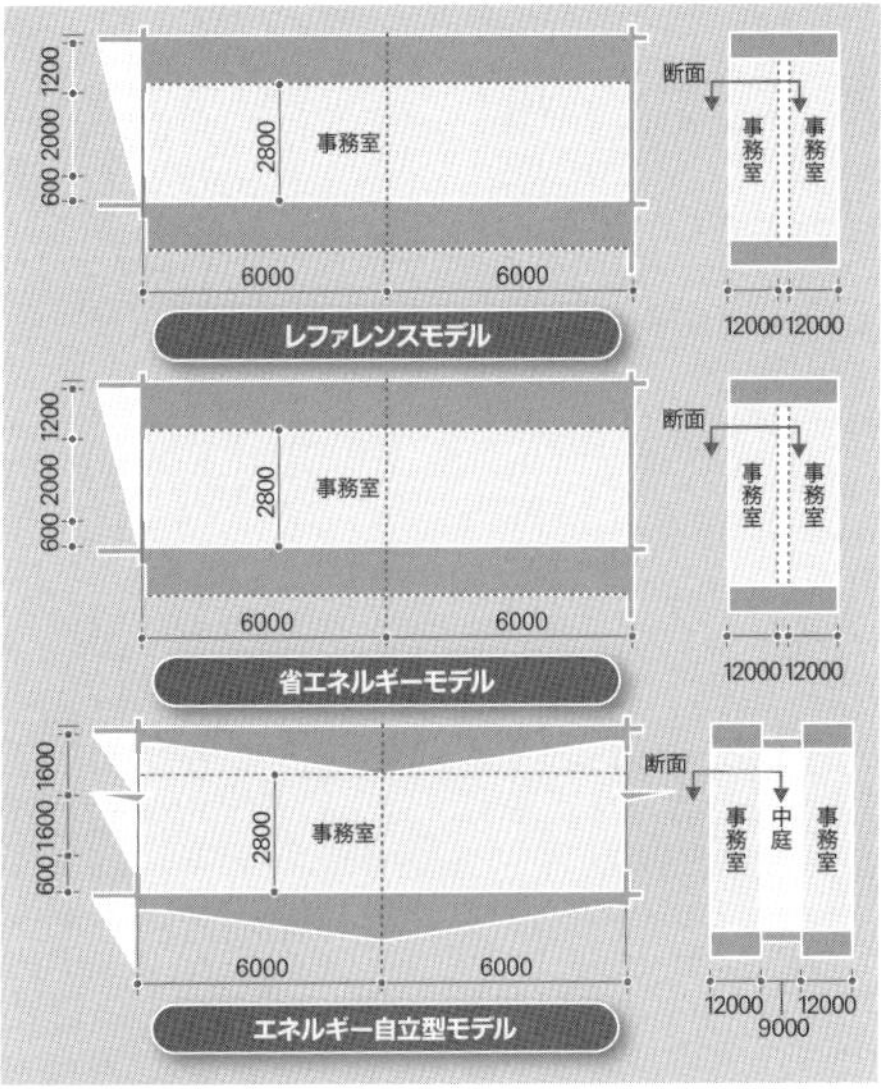

［**図5-2**］モデル建物の基準フロア断面・平面図
エネルギー自立型モデルでは、ライトシェルフと呼ばれる中庇を設け、間接光を室内に取り込む。V字形状の天井は、両側の窓から入ってきた光を奥深く取り込むための工夫である。

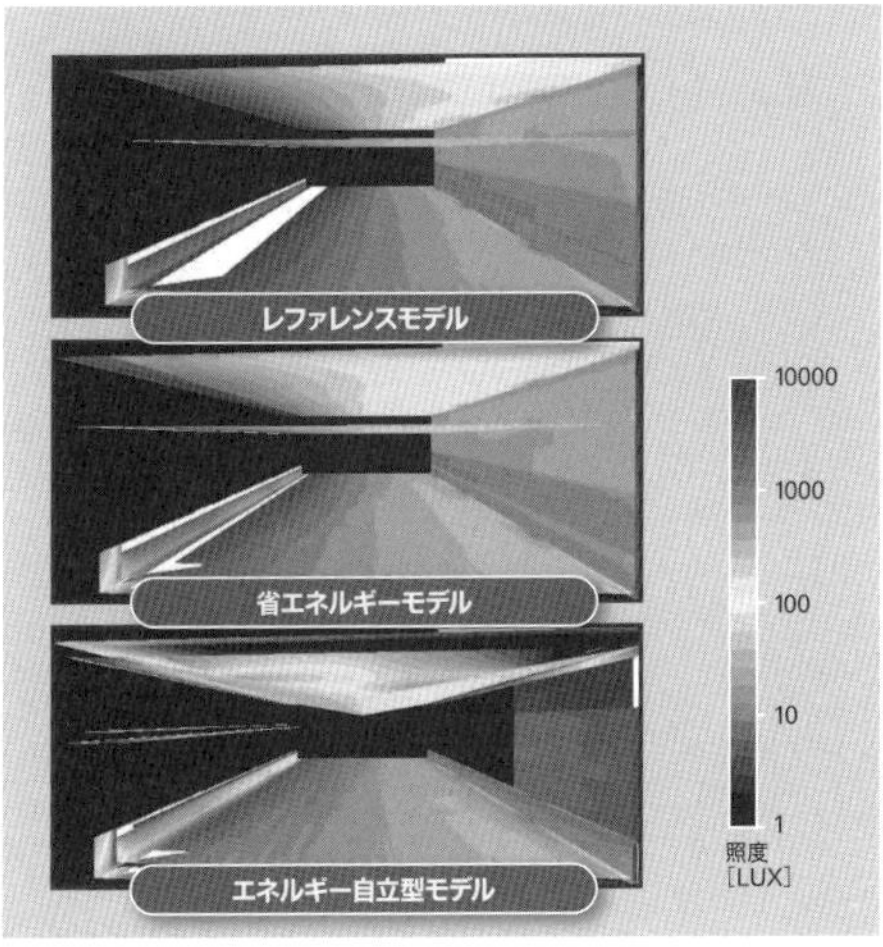

［**図5-3**］自然採光時の室内照度分布の比較
エネルギー自立型モデルでは、奥深くまで照度が均一に確保されている。

効果が高いことがわかります。

このように、ブラインドの自動角度制御システムは、常時、そのときどきの直射を遮るのに適した角度にブラインドの羽根面を自動調整するので、人が手動で上げ下げする場合にありがちな「ブラインドが閉めっぱなし」という状態がなくなり、自然光の利用にとても有効な手段です。

●照明用電力消費量の低減効果

オフィスビルにおいて、照明に使われるエネルギーは年間で全体の二〇~三〇パーセントを占めます。したがって、照明用の電力消費量を減らす努力は、ビル全体のエネルギー消費量削減のためにとても有効です。

［図5-5］は、各モデルの照明用平均電力量の違いを示しています。室内全体を均一照明としているレファレンスモデルの年間平均照明用電力消費量は10W/m²であるのに対して、自動調光システムを採用している「省エネルギーモデル」では、6~7W/m²、LED照明、自動調光制御、ブラインドの自動角度制御システムを採用している「エネルギー自立型モデル」の平均照明電力量は、1.6W/m²程度となっており、「レファレンスモデル」に対して、八〇パーセント以上の照明用電力消費量の削減効果が見込まれます。

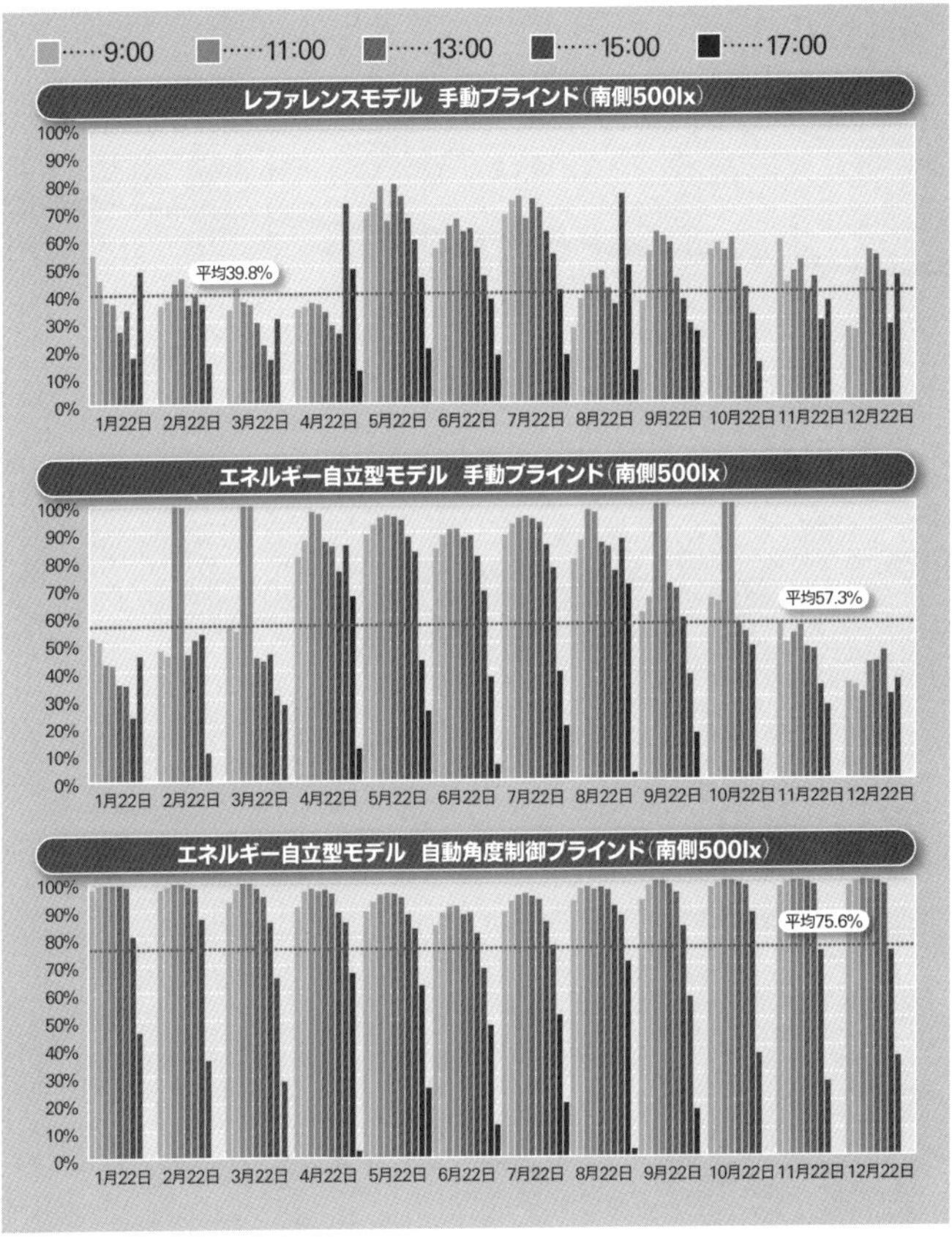

［**図5-4**］時刻別昼光利用率の比較

自動角度制御ブラインドを採用したエネルギー自立型モデルでは、昼光利用率が平均で75%、約3/4を自然光でまかなうことができる。

なお、照明用の電力量が減ると、それに追随して室内の発熱が減り、冷房用のエネルギー消費量の低減にもつながります。ただし、冬期は、逆に暖房用エネルギー消費量が増大するので、注意が必要です。

●空調負荷、空調用電力消費量の低減効果

室内を快適に保つために空調設備が消費するエネルギーは、ビル全体の四〇～五〇パーセントにもなります。したがって、空調負荷を減らすとともに、空調機器の性能を向上させることも、ビルで使用するエネルギー消費量を減らすには重要です。

［図5-6］に、各モデルの年間冷暖房負荷および最大冷暖房負荷を示します。「エネルギー自立型モデル」では、昼光利用率をできる限り高

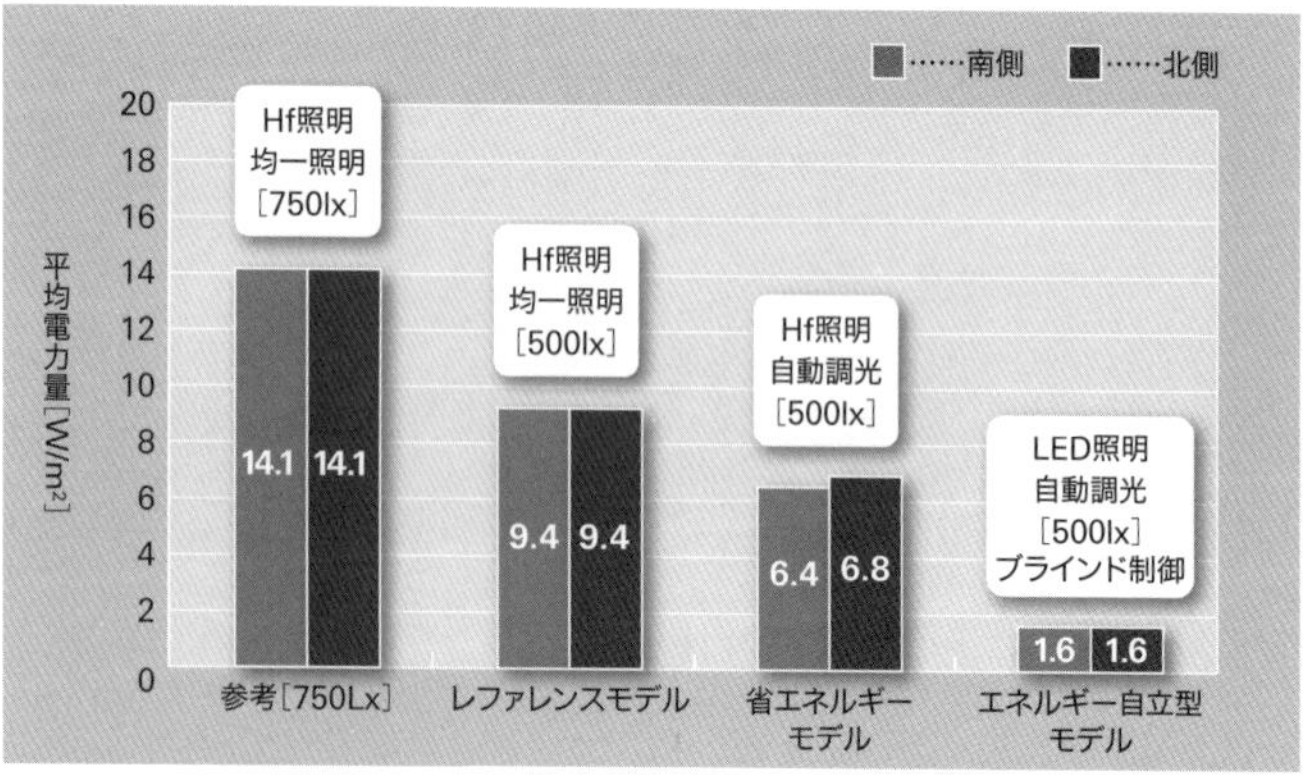

［**図5-5**］照明用電力消費量の低減効果
自然採光とLED照明の自動調光制御、ブラインド制御を組み合わせることにより、80%以上の照明用電力消費量の低減が可能。

めたため、外壁の窓面積が大きく、年間の冷暖房負荷がやや増大しています。特に、内部発熱の減少にともなって最大暖房負荷の増大が顕著で、一般的には冷房で決定される空調機器の容量（サイズ）が、暖房側で決定する可能性があることを示唆しています。

●太陽光発電パネルの設置角度と年間発電量

太陽光発電パネルは、設置する方位と、設置面の角度によって、年間で得られる発電量が変わります。［図5-7］は、設置する太陽光パネルの角度と年間発電量の関係を示しています。ちなみに、ここに示した数値はすべて、南向きに設置した場合の発電量です。同じパネル面積でも、二〇度～四〇度の角度で太陽光パネルを設置すると、もっとも多くの発電量を得ることができ

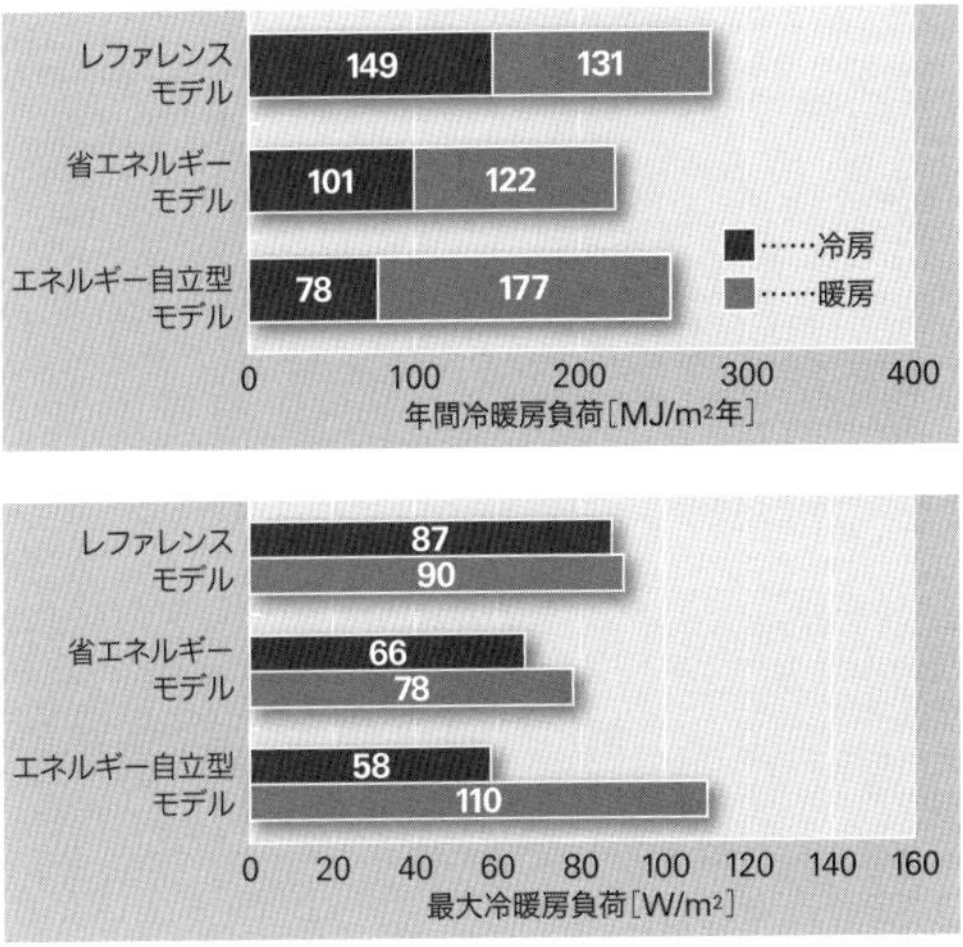

［**図5-6**］空調負荷の低減効果
エネルギー自立型モデルでは、自然採光を重視したことで、暖房負荷が増大する傾向にある。

ます。パネルの設置角度は、建築デザインや架台のコストなども考慮して決定する必要がありますが、ここでは、二〇度と設定しました。

●郊外型オフィスビルのエネルギー自立の実現性

以上のような、建物の形状や仕様、使われ方、照明システムの性能の違いなどを勘案して、さらに空調システムの今後の技術革新なども見込んだ場合、エネルギー自立型建築の実現可能性はあるのでしょうか。

ケーススタディの結果、ここで想定した「エネルギー自立型モデル」のエネルギー消費量は、「レファレンスモデル」に対して六五パーセントのエネルギー消費量削減ができるという結果になりました[図5-8]。延床面積あたりの年間一次換算エネルギー消費量は、367MJ/m^2年で、この数値は、屋上に設置した太陽光発電パネルの年間発電量を延べ床面積あたりに換算した数値とほぼ同等であり、年間の消費量と生成量がバランスした状態になっていることがわかります。

このように、大幅な省エネルギーの努力と太陽光発電による再生可能エネルギーの導入によって、本書で定義した「エネルギー自立型建築」の実現は決して不可能ではないことがわかります。特に、ここで設定したような低層建築物の場合には、比較的実現が容易といえます。

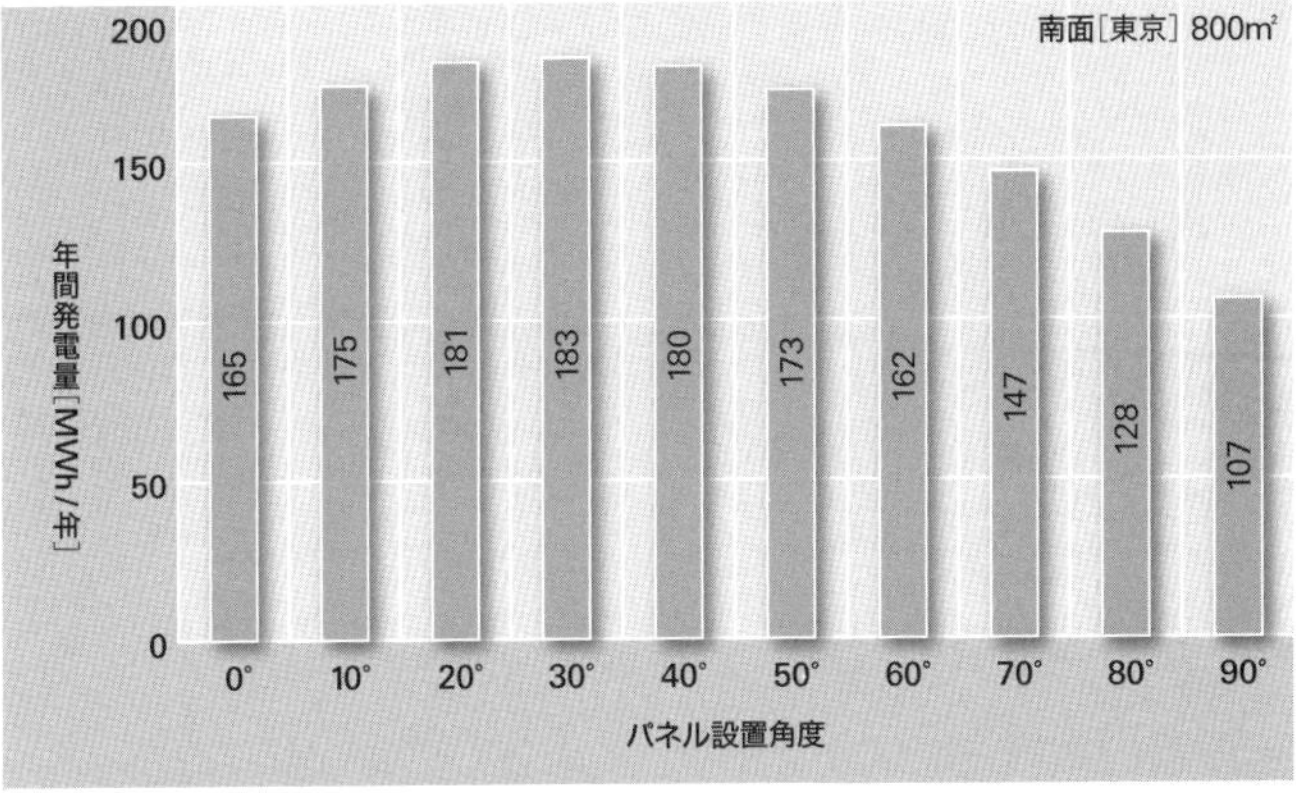

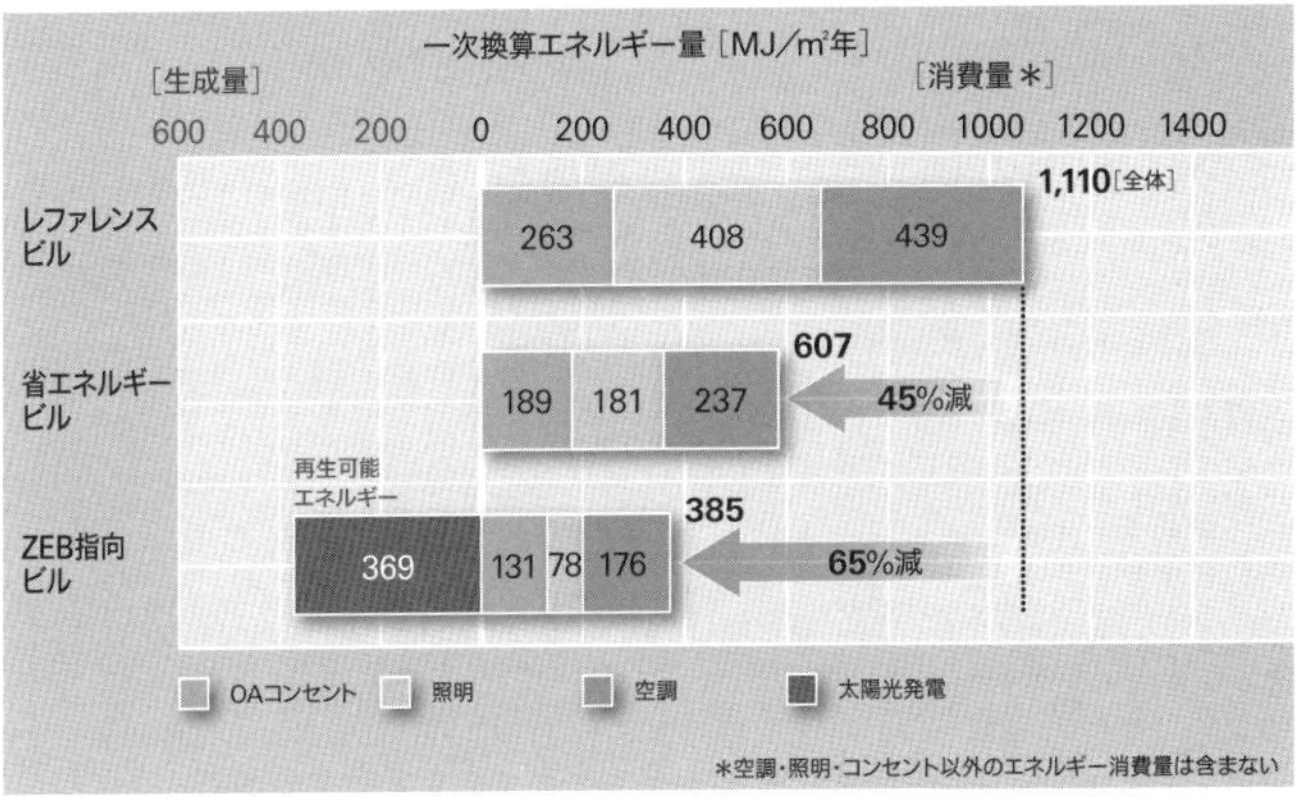

［**図5-7**］太陽光発電パネルの設置角度と発電量

東京の南面では。設置角度20〜40度ぐらいで、年間発電量は最も大きくなる。

［**図5-8**］郊外型オフィスビルにおける試算結果

エネルギー自立型モデルは、延床面積あたりの一次換算エネルギー消費量と再生可能エネルギー生成量がほぼ同じとなった。このように、年間のネット・エネルギーでみた場合、エネルギー自立は十分に実現可能である。

ただし、実際には、太陽光発電の変動パターンとエネルギー消費の変動パターンは必ずしも一致しないため、建物単独でエネルギー自立が実現しているわけではありません。系統電力への全量買取り制度が前提となっており、あくまでも、エネルギーが相殺されてネット・ゼロになっているに過ぎません。

●都心型オフィスビルのモデルの想定

ここまでの試算で、郊外型のオフィスビルでは、さまざまな前提条件、制約条件はあるものの、エネルギー自立の実現可能性が高いことがわかりました。では、都心型のオフィスビルではどうでしょうか。

地価の高い都心のオフィスビルでは、郊外に比べて高層建築物が多くなり、エネルギー自立が難しくなることが容易に想像されます。新宿のような超高層建築で困難なことは明らかです。ここでは、3章4節で述べた東京都心部の平均的な事務所ビル、地上六階建て、延床面積が約九六〇〇平米を想定し、都心型オフィスビルのモデルとして試算しました。これは、階数と延床面積が郊外型モデルの二倍となっています。

試算に当たっては、郊外型オフィスビルと同様に三段階の省エネルギーレベルの建物を設定しました。また、郊外型オフィスビルと同様に、「エネルギー自立型モデル」には、八〇〇平米の太陽光パネルを設置する計画としました［図5-9］。

●都心型オフィスビルのエネルギー自立の実現性

都心型オフィスビルの建物モデルの延床面積あたりの年間エネルギー消費量は、郊外型オフィスビルとほぼ同じ結果となりました。「エネルギー自立型モデル」の延床面積あたり年間一次換算エネルギー消費量は374MJ/m²年であり、「レファレンスモデル」に対して、六五パーセントの削減効果が得られました。

一方、太陽光発電パネルの設置面積は郊外型オフィスと同等であるため、延床面積が大きくなった分、延床面積あたりの再生可能エネルギー生成量は小さくなり、エネルギーの収支バランスは大きく崩れていることがわかります

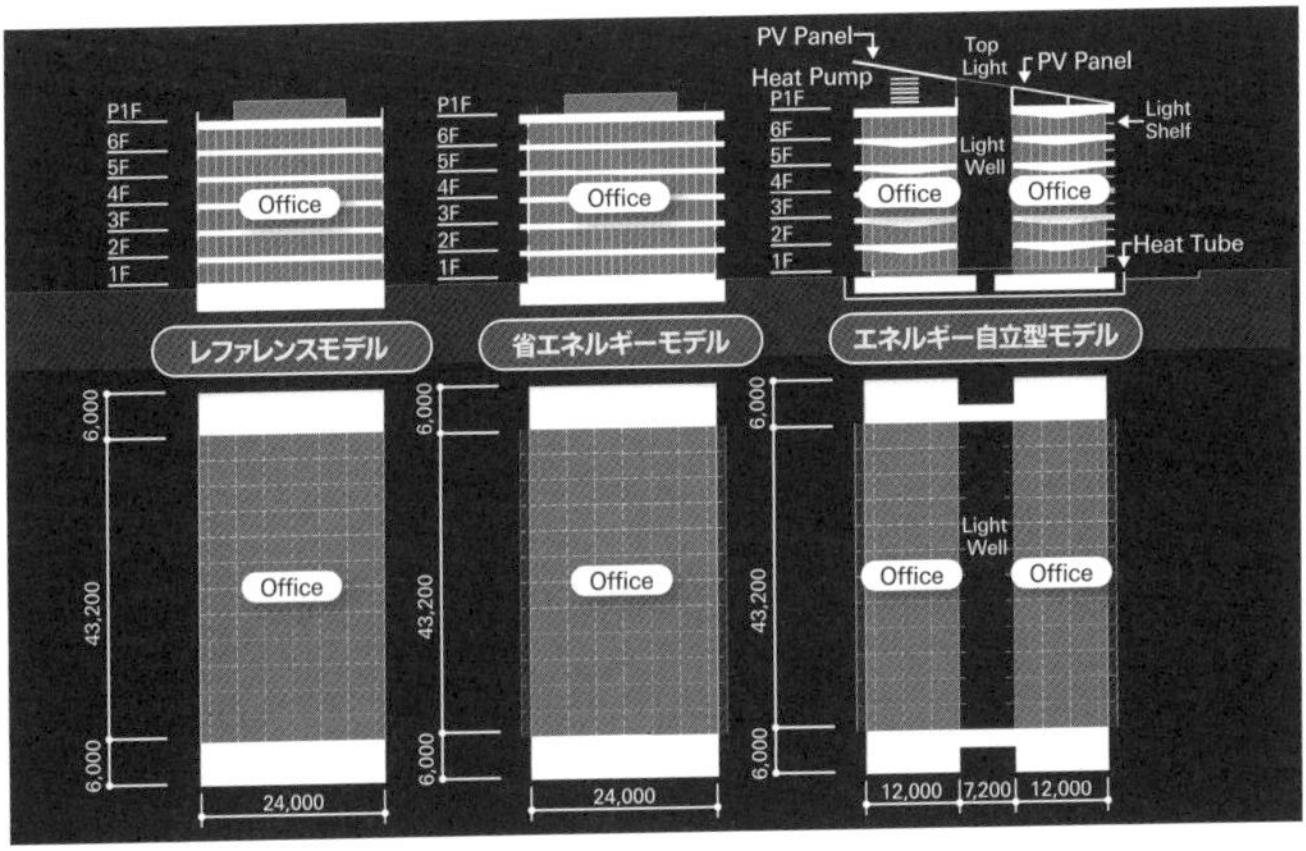

［図5-9］モデル建物の設定「都心型オフィス」
平面形状は郊外型オフィスビルと同じとし、階を6階建とした。

［図5–10］。

ここでは、太陽光発電量は郊外型オフィスと概ね同じとしましたが、実際には、都心部ではパネルの設置角度が確保しにくいことや他のビルの日影の影響等で発電量が低下する可能性があります。

このように、都心型と郊外型を比較した場合、敷地内に設置できる太陽光発電パネルの面積が同じであっても、都心型では、そこに建つ建物の延床面積が大きく、敷地内で消費するエネルギーの総量が大きくなるため、郊外型に比べてエネルギー自立が難しいといえます。

ここで想定したモデルビルは都心の中でも比較的小さい規模であり、東京都心部に建つ建物の多くは、ここに示した結果より更にエネルギー自立の実現が厳しくなると思われます。

都心のオフィスビルでの自立型建築の実現には、より一層の省エネルギーの努力だけではなく、業界を挙げての今後のさまざまな技術革新が必要なのです。

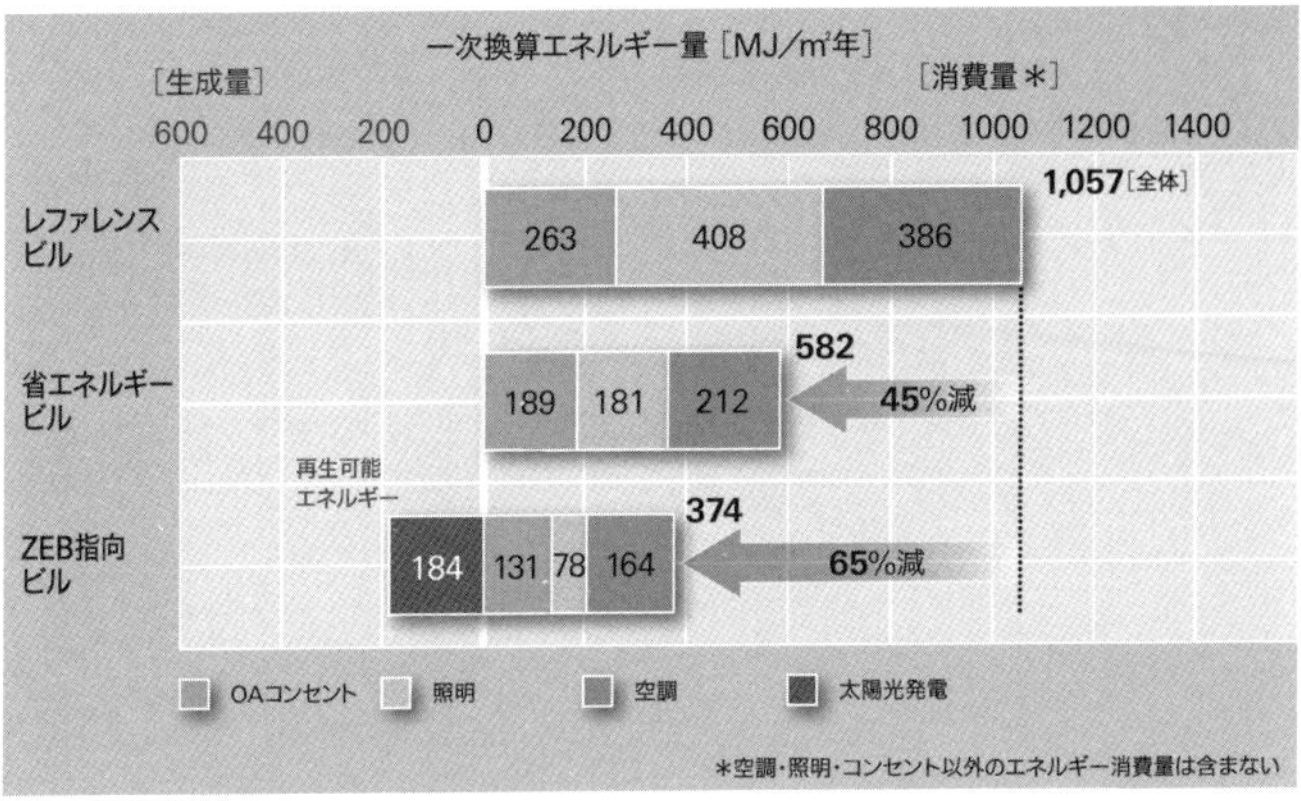

［**図5-10**］都心型オフィスビルにおける試算結果
延床面積あたりの一次換算エネルギー消費量は郊外型オフィスビルとほぼ同じだが、延床面積が大きくなった分、延床面積あたりの再生可能エネルギー生成量は小さくなる。都心型オフィスビルの場合、設置できる太陽光パネルの面積に対して、延床面積が大きくなるため、エネルギー自立の実現は難しい。

5.2——学校におけるケーススタディ

学校は、一日の使用時間が短く、長期休暇等があって使用期間も短い建物です。普通教室、特別教室、体育館などへの移動を前提とするため、床面積当たりの人員密度が低く、パソコン等の内部発熱機器が教室部にはないなど、オフィスビル等の業務用建物と比較してエネルギー消費量が少ないのが学校建築です。

ここでは、小学校を対象としたケーススタディにより、エネルギー消費特性を確認するとともに、小学校において自立型建築の実現が可能かどうかを検討します。

●小学校のエネルギー消費量特性

調査によると［図5-11］のように、オフィスビルや商業施設、文化施設などと比較して、教育施設のエネルギー消費量がかくだんに少ないことがわかります。さらに、小学校を対象に、その内訳を調べてみた結果が［図5-12］です。

小学校のエネルギー消費量は、主に照明（三〇パーセント）、給食（二四パーセント、自校内で給食調理を行う場合）、暖冷房（二三パーセント）によります。シックスクールなどの問題があることから、近年は換気のためのエネルギーも増大傾向にあります。ただし、まずは主要因である照明

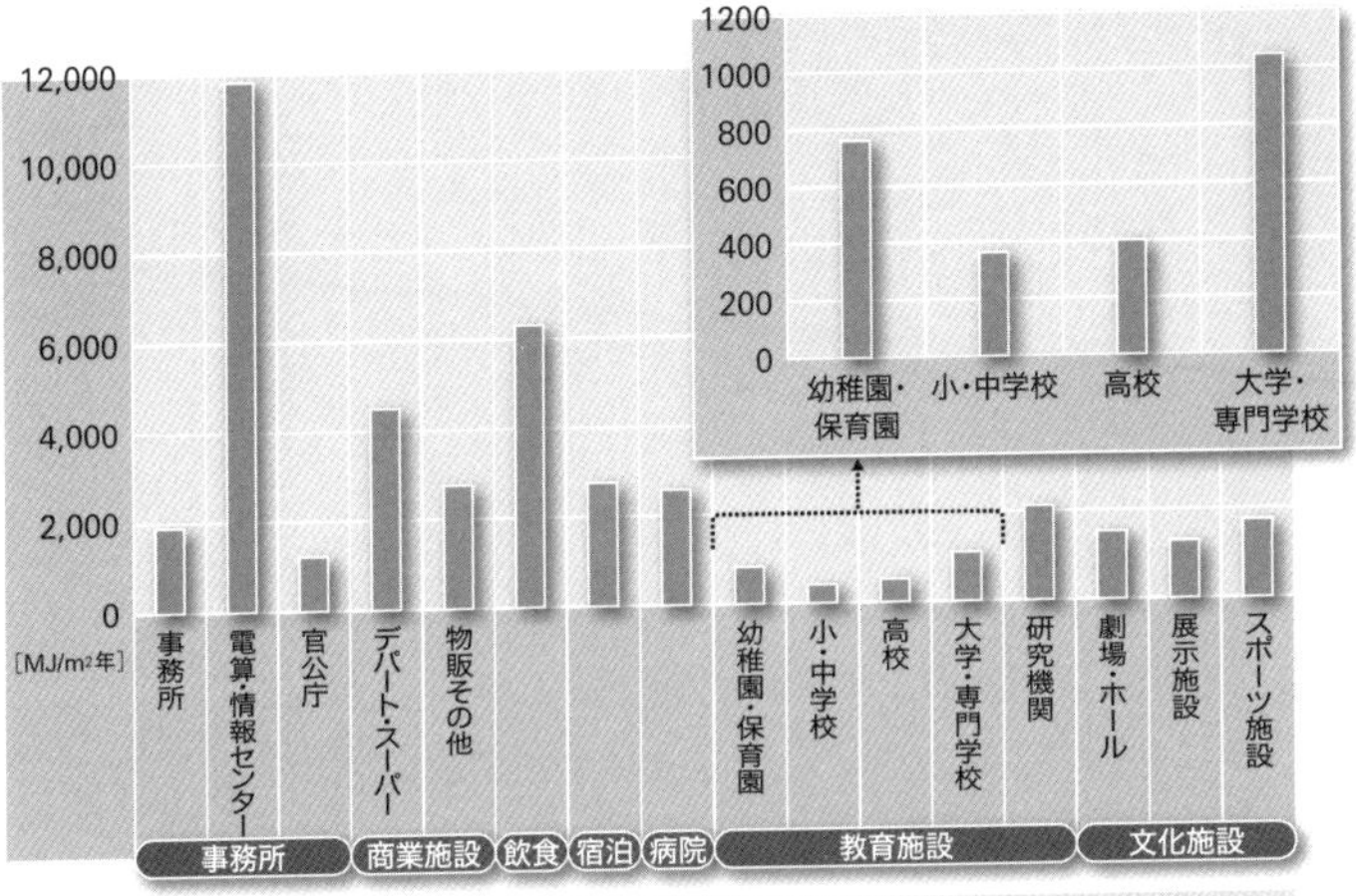

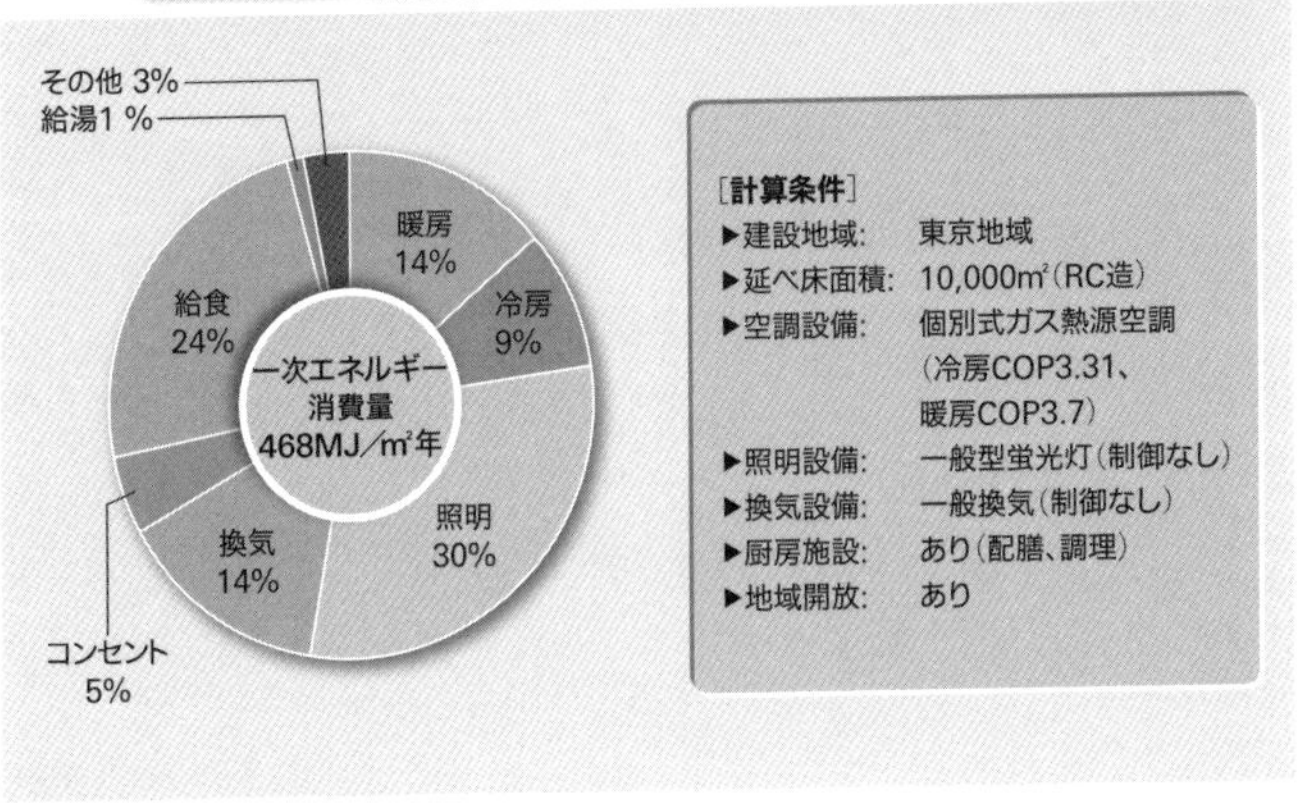

[**図5-11**] 建物用途別一次エネルギー消費量 [MJ/m^{2}年]
小中学校、高校は床面積当たりの一次エネルギー消費量が他の建物用途に比べて小さく、低層であることからもエネルギー自立型建築の成立性が高い建物用途です。
[**図5-12**] 小学校のエネルギー消費量（年間）の試算例

および、暖房の対策をしっかり行うことが重要です。給食用のエネルギー削減策にも注力する必要があります。

●エネルギー自立型学校の概要と検討モデル

ケーススタディのモデルは普通教室の数が二四教室（児童数約八〇〇人）規模の小学校を想定し、延床面積一万平米（地上四階建て）としました［表5-3-❶,❷］。小学校建築の計画は、学年毎に校舎内での活動が異なるなどの理由から、モジュール的な空間構成になりにくいのですが、本検討では一階に管理ゾーン（管理諸室、特別教室）を配し、二階〜四階を普通教室を据えるモジュールを想定し、このモジュールにてエネルギー自立型建築の実現可能性を検討します。一般的な小学校としては、このほかに、屋内運動場等があげられます。

太陽光発電パネルの設置可能上限は一六〇〇平米とし、設置角度は隣地への圧迫感がないように考慮して、南向きに設置角一〇度で取りつけることを想定します［図5-13］。また、普通教室は前面に教室と同等程度の多目的スペースが設置されるものとし、普通教室と多目的スペースの間仕切りは、可動式などの両面採光できるものとしています。

❶基準モデルの概要と主な運用条件		
構造階数(面積)		RC 造地上 4 階建て(約 11,000m^2)
主な室数		RC造:普通教室 24 室
地域		関東地域
空調方式		個別熱源方式
平日の使用時間		普通教室:8:00〜15:30 管理諸室:8:00〜20:00 *屋体・特別教室の地域開放あり
休日		土日祝日に体育館の開放を一部見込む
長期休暇期間		夏休み(7/20〜8/31)、冬休み(12/24〜1/8) ただし、管理諸室は 8:00〜17:00
暖冷房期間		暖房:東京地域(温暖地):12/1〜2/28 冷房:東京地域(温暖地):6/1〜9/30
❷エネルギー自立型モデルにおける主な取組み		
建築仕様		●外壁・屋根の高断熱化 ●床の断熱化 ●開口部の複層化(Low-ε複層ガラス等) ●日射遮へい材の採用 ●移動空間の気密性向上 ●基礎の断熱化 ●自然換気を誘発する建築計画 ●昼光を取り入れる開口部計画、建築計画
設備仕様	暖冷房方式	●高効率熱源機器の採用 ●全熱交換器の採用 ●潜熱顕熱分離空調
	厨房設備	●太陽熱給湯、燃料電池コージェネレーション設備
	照明方式	●LED ベース照明器具の採用 ●初期照度補正、昼光連動制御(明るさセンサー制御) ●人感センサー制御(トイレ等) ●高効率誘導灯
	換気方式	●換気ファンの発停制御、24 時間運転時微風モード
	太陽光発電設備	●定格出力 220kW

[**表5-3-❶,❷**] 建物用途別一次エネルギー消費量[MJ/m^{2}年]

●照明エネルギーの削減対策

照明エネルギーの対策としては、高効率の照明器具等を活用することはもちろん、昼光を最大限に取り入れる工夫をします。普通教室では、開口部から部屋の中心へと勾配天井とし、できるだけ眩しさを感じない高い位置からの採光を可能とすると同時に、ライトシェルフからの光が室奥まで届くように工夫します[図5-14]。また、グレアを排した照明、開口部計画により室内の設定照度を四〇〇ルクスとすることで、照明エネルギー消費量はおよそ八〇パーセントの削減が見込まれます。

●暖冷房エネルギーの削減対策

小学校建築は、災害時の避難所、特に一次避難所として指定されるため、エネルギー途絶時の室内環境を最低限確保することが、東日本大震災後の課題となっています。もちろん平時の省エネルギーにも貢献する断熱性能向上は積極的に行うべきです。本検討においても、外壁、屋根の断熱性の向上、複層Low-εガラス等の開口部の断熱に加え、通路や渡り廊下、諸室の間の気密性を確保し、暖房負荷の低減を図ります。

これらの対策により低減した暖冷房負荷を高効率のヒートポンプエアコンによって処理するなら、暖房エネルギー消費量は概ね六〇パーセント程度の低減が見込まれます。

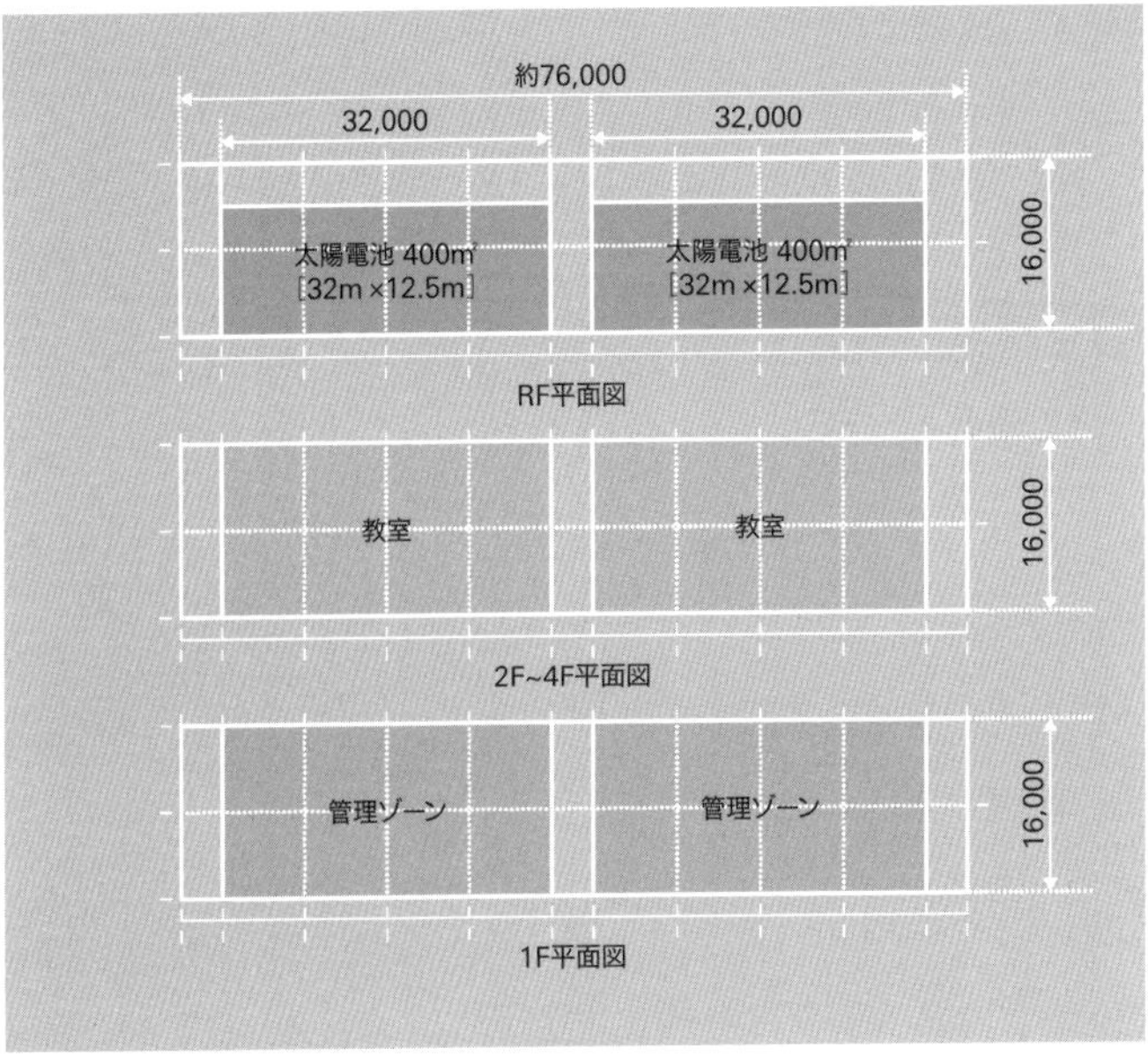

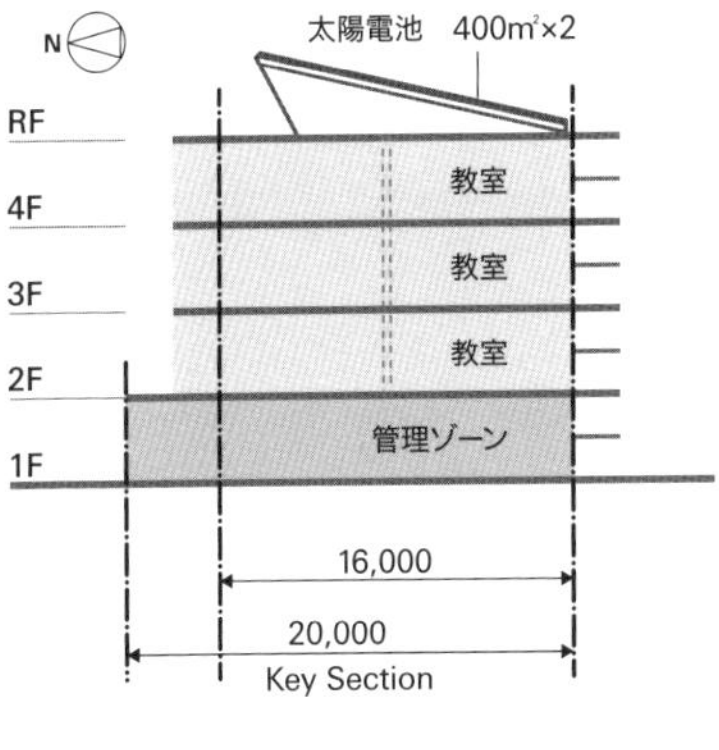

[**図5-13**] 普通教室、管理諸室等から構成される棟モジュール

◉厨房（給食）エネルギーの削減対策

給食調理用のエネルギー消費量の削減には、熱を空中に逃がさない調理器具の採用、食器洗い用の給湯エネルギーの低減対策等が重要となります。本検討では、防災や電力負荷平準化の視点から小規模のコージェネレーション設備を導入し、その発電排熱を給湯に利用することで省エネルギーを図ります。これにより、厨房エネルギー消費量は三〇パーセント程度の低減が期待できます。

◉エネルギー自立型建築の実現性

以上の対策により、エネルギー自立ケースの一次エネルギー消費量は五〇パーセント程度削減され、236MJ/m^2年となりました。残りの五〇パーセントを削減する太陽光発電パネルの設置

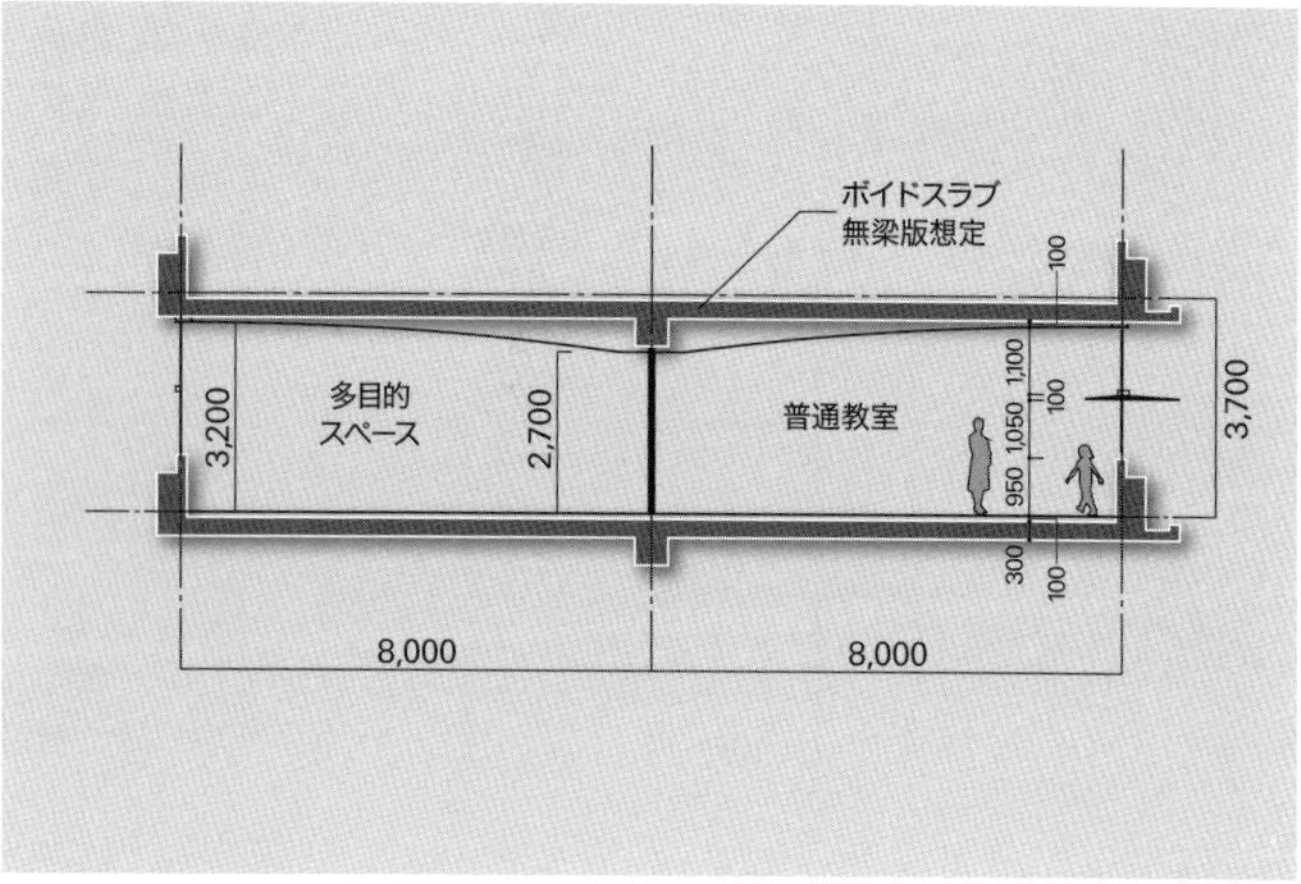

［**図5-14**］普通教室における採光の工夫。

容量は、周辺建物の日影による発電量の一五パーセント低減を加味すると定格出力で二二〇キロワット（約一五〇〇平米）となり、設置可能上限の一六〇〇平米以下に収まることが確認できます。このように小学校では汎用的な設備と建築計画的な工夫による五〇パーセントの省エネルギーと、再生可能エネルギーの導入でエネルギー自立型建築が実現できるものと考えられます［図5-15］。

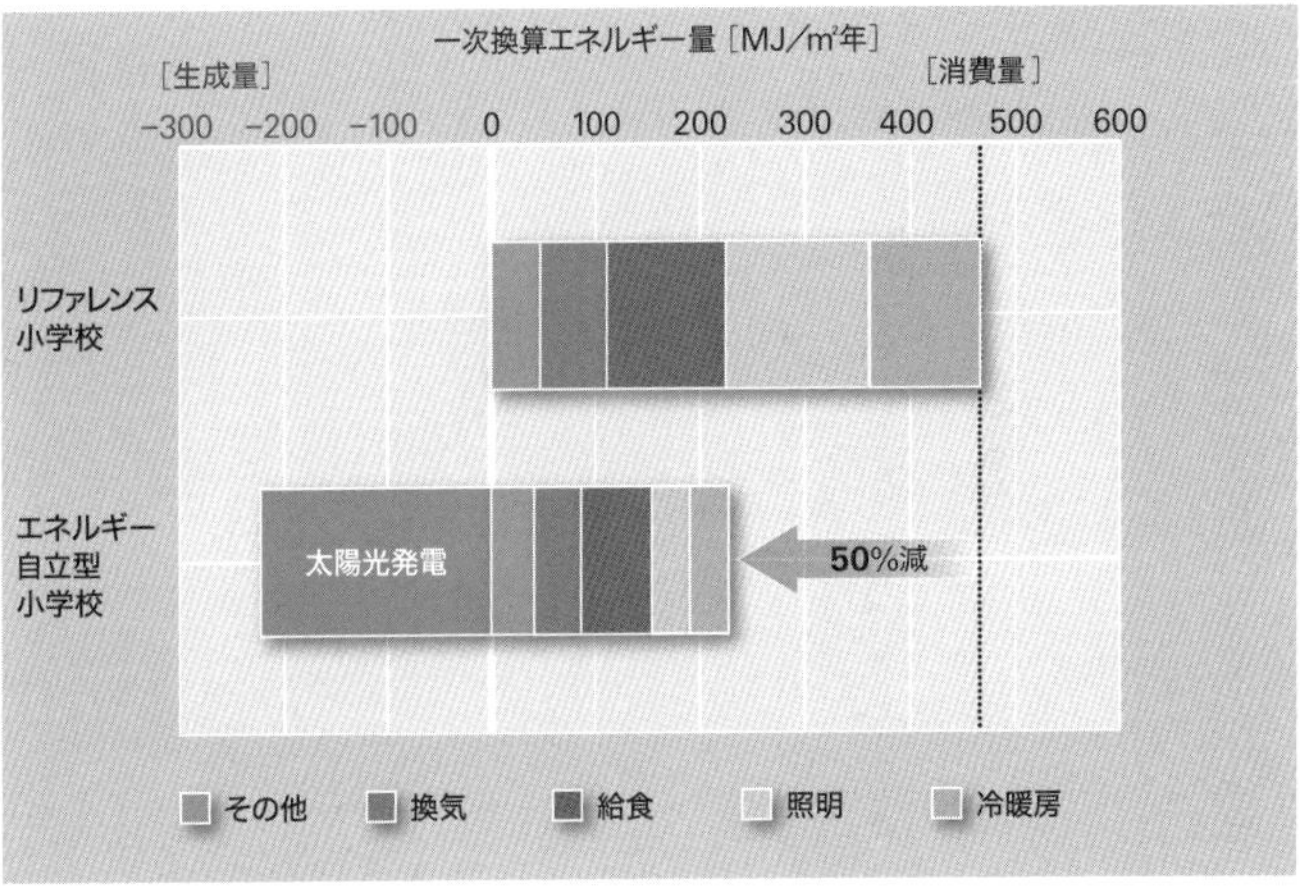

［**図5-15**］小学校におけるエネルギー自立型建築の実現の可能性

第6章

今後の展望

6.1――二〇三〇年の低炭素都市を支える

第1章で述べたように、持続可能な低炭素都市づくりには、その基盤となるエネルギー自立型建築の実現が不可欠です。世界各国が、二〇二〇年から二〇三〇年を目標にネット・ゼロ・エネルギー・ビル化の政策をすすめていることは、第2章で述べたとおりです。

本書では、主に現状の建築技術レベルや現状の技術レベルに基づいて、エネルギー自立型建築を実現する可能性について述べてきました。しかし、おそらく、二〇三〇年には技術レベルが現状と比べて格段に向上し、実現の可能性がさらにたかまっているものと期待されます。

そこで、ここでは二〇三〇年の低炭素都市を支えるエネルギー自立型建築の姿を、現状技術にとらわれすぎることなく描いてみようと思います[図6-1]。

パッシブ手法とアクティブ手法を組み合わせ、徹底的な省エネルギーをはかったうえで、再生可能エネルギーを活用するという本書で示してきたデザインメソッドに変わりはありません。より進化したパッシブ建築制御技術と再生可能エネルギーによるエネルギー自立が、大きな建築計画のテーマとなっています。

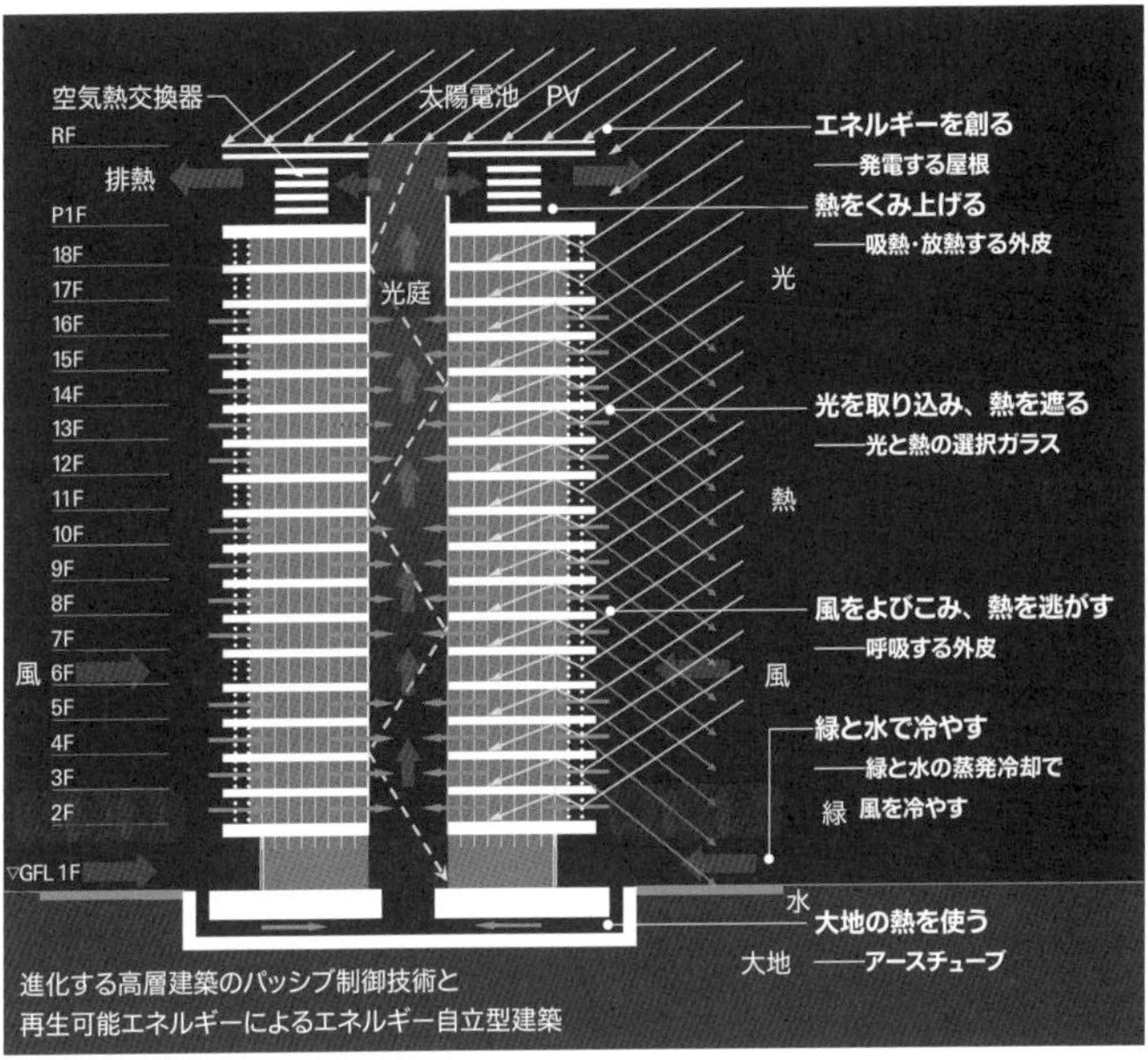

［**図6-1**］2030年の持続可能な低炭素都市を支えるエネルギー自立型建築
「光」「熱」「風」「緑」「水」「大地」といかに調和するかが大きなテーマとなる。

❶——進化するパッシブ建築制御技術

この建物では、基本的な地球環境の要素である「光」「熱」「風」「緑」「水」「大地」といかに調和するかが大きなテーマです。「呼吸する外皮」や「熱と光を選択するガラス」、「吸放熱する外皮」などの進化したパッシブ建築制御技術に、「クールトンネル」や「アースチューブ」といった既往のパッシブ技術を組み合わせた建築計画とします。

❷——再生可能エネルギーによるエネルギー自立型建築

建物全体のネット・ゼロ・エネルギー化を目指し、再生可能エネルギー（太陽光）により、「発電する屋根」等を積極的に採用します。災害時やインフラ供給途絶時にも、基本的な建物の機能が確保されるため、耐震性、ＢＣＰ（事業継続性）にも優れた建築とすることができます。

二〇三〇年のエネルギー自立型建築の実現は、このようなパッシブ制御技術やアクティブ制御技術レベルの向上と再生可能エネルギーの電気変換効率の向上なくして語ることはできません。

6.2――ストック建築への展開

これまでに、「エネルギー自立型建築」の概念とそのデザインメソッド、その実現可能性について述べてきました。本書で述べてきたデザインメソッドは、どちらかといえば、新築建築物を想定したものが多く、膨大な社会ストックである既存建築物でどのように実現していくかという点には、あまり触れてきませんでした。もちろん、新築建築物で採用できる手法の多くは、改修工事を通じて、既存建築物でも採用することができます。

とくに、これから設備機器の更新時期を迎える、一九九〇年代〜二〇〇〇年代に竣工した建物は、エネルギー問題や地球環境問題が顕在化した時期に計画された建物ですので、比較的、省エネルギー性の高い建築物が多くあり、「エネルギー自立型建築」への改修のポテンシャルを持っていると考えられます。

ここでは、ひとつの例として、二〇〇〇年に竣工した延床面積約三万平米のオフィスビルをモデルに、二〇三〇年に向けた「エネルギー自立化」へのロードマップを描いてみます［図6-2］。

❶——竣工時（二〇〇〇年）エネルギー性能（モデル2000）

この建物は、もともと自然エネルギー利用や各種の省エネルギー手法を採用しており、レファレンス（竣工当時の標準的なオフィスビルのエネルギー消費量）に対して二四パーセントの一次換算エネルギー消費量削減を実現している建物です。

❷——竣工一〇年経過時（二〇一〇年）エネルギー性能（モデル2010）

竣工後の継続的性能検証および省エネルギー活動により、さらに一〇パーセント一次換算エネルギー消費量を削減しています。その結果レファレンスに対しては三三パーセントの削減を実現しています。

❸——竣工一五年経過時（二〇一五年）のエネルギー性能（モデル2015）

二〇一一年の東日本大震災を機に、省エネルギー意識の変革と節電、エネルギーマネジメントの徹底により、一次換算エネルギー消費量をさらに一五パーセント程度削減、レファレンスに対して四三パーセント削減となっています。これが現状で、今後、設備の更新時期に合わせて次世代の省エネルギー技術を導入していきます。

❹——次世代省エネルギー技術［1］導入後（二〇一八年）エネルギー性能（モデル2018）

照明の更新時期に合わせて、全館にLED照明によるタスク・アンビエント照明を導入し、また、省電力ＯＡ機器への切り替え等により、エネルギー消費量を削減します。こ

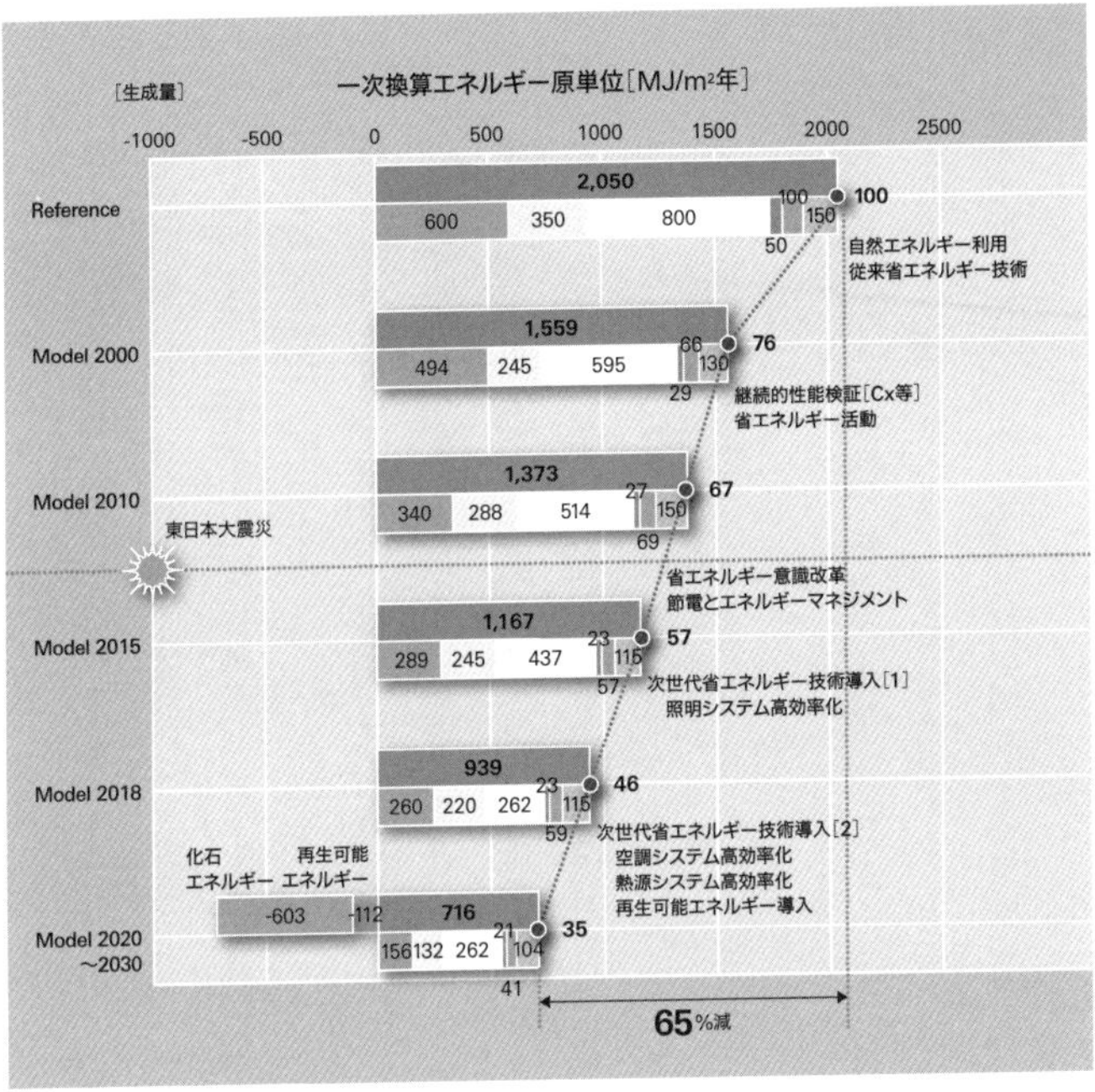

［**図6-2**］ストック建築の「エネルギー自立化」ロードマップ例

2030年までに60%省エネルギー、20%のエネルギー自立を目指す

［参考］想定建築物概要

規模構造：地上18階、塔屋1階　SRC造

建築面積：2,100m²

延床面積：32,700m²

基準階床面積：1,800m²（空調面積1,200m²）

太陽電池面積：屋根1,200m²　外壁300m²（電気変換効率20%相当）

の時点では、レファレンスに対して五四パーセント削減を目指します。

❺――次世代省エネルギー技術［2］導入後（二〇二〇年）エネルギー性能（モデル2020）

更新時期に合わせ、熱源・空調システムをトップランナーシステムに更新し、一次換算エネルギー消費量を大幅に削減します。この時点でレファレンスに対して六五パーセント削減を目指しています。

❻――再生可能エネルギーの導入（モデル2030）

再生可能エネルギーとして、太陽光発電パネルを順次設置していき、建物全体のエネルギー消費量の一五〜二〇パーセント程度をまかなうところまでエネルギー自立を実現させます。この時点で、化石エネルギー消費量は600MJ/m²年となり、ネット・ゼロ・エネルギーには至らないものの、竣工時のレファレンスに対しては七〇パーセントの大幅削減を達成しています。

このように、ストック建築物をエネルギー自立させるのはかなり難しいことがわかります。ストックを含めて、エリア全体、都市全体のエネルギー自立を実現するために、現状技術に加えて、再生可能エネルギーの電気変換効率向上や地域レベルでの都市排熱利用や未利用エネルギー活用等を見込む必要があり、この分野における今後のさらなる技術革新が求められています。

6.3——エネルギー自立型建築とスマート・エネルギーシステム

［図6-3］は、第5章のケーススタディにおいて、一日単位の電力生成量（上向き）と電力消費量（下向き）を年間比較したもの、それを差し引きしたものを示しています。このように、エネルギーの生成量と消費量は必ずしもバランスせず、日によってはエネルギーが足りない日があれば、逆に余ってしまう日もあります。これらを「エネルギーの需給バランス」と呼びますが、この需給バランスをどこかで吸収するエネルギーシステムが必要となります。

［図6-4］は、複数のエネルギー自立型建築が集まったまちをイメージしています。それぞれの建物が、仮にネット・ゼロ・エネルギー化を達成していたとしても、まち全体のエネルギー需給バランスをとることができません。需給バランスをとるためには、［図6-4］に示すように、発電機や蓄電池、それらをコントロールするための制御システムが必要になります。これが一般的に、「スマート・エネルギーシステム」と呼ばれるものです。

スマート・エネルギーシステムについては、第4章でも少しふれましたが、詳細は、本書シリーズの第二巻（NSRI選書［2］「スマート・シティはどうつくる？」）（二〇一四年夏刊行予定）に譲りたいと思います。「どう作るか」という大きな課題はありますが、スマート・エネルギーシステムが、自立型建築と同様に、持続可能な低炭素都市を支える技術基盤のひとつとなることはおそらくまちがいありません。

第3章でも述べたように、地域でのエネルギー自立の実現可能性は、対象とする範囲を広げれば広げるほど、その達成条件が平準化され、広域的な取組みが求められるようになります。

日本が抱えるさまざまなエネルギー問題解決のためにも、本書で扱ったような建築レベルでのエネルギー自立の取組みと、広域的なエネルギー自立の取組みが同じ方向性をもってなされる必要があります。さらには、自治体のエネルギー戦略や国のエネルギー基本計画との整合についても今後考えていく必要があります。

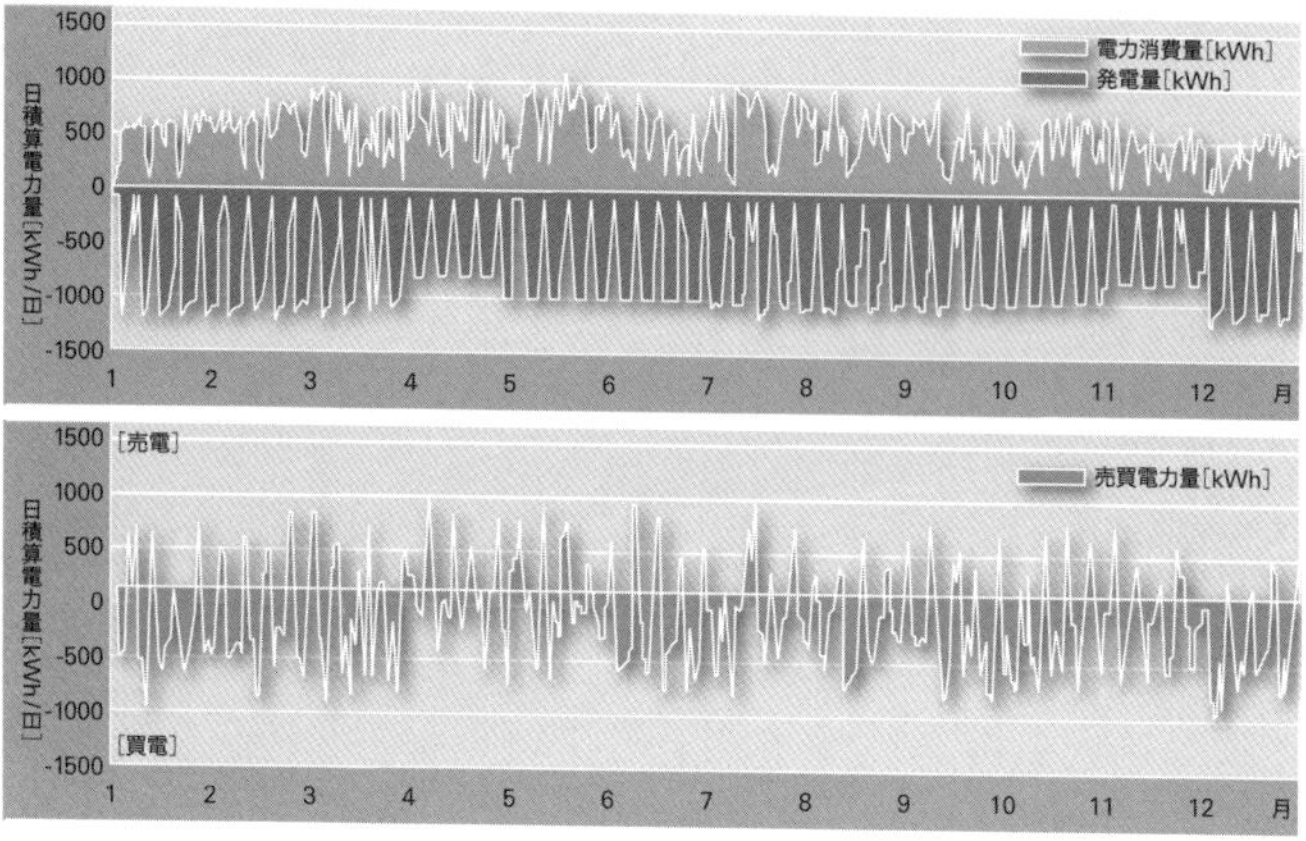

[**図6-3**] エネルギー生成量とエネルギー消費量の需給バランス(ケーススタディ)
「エネルギーの需給バランス」をどこかで吸収するエネルギーシステムが必要となる。

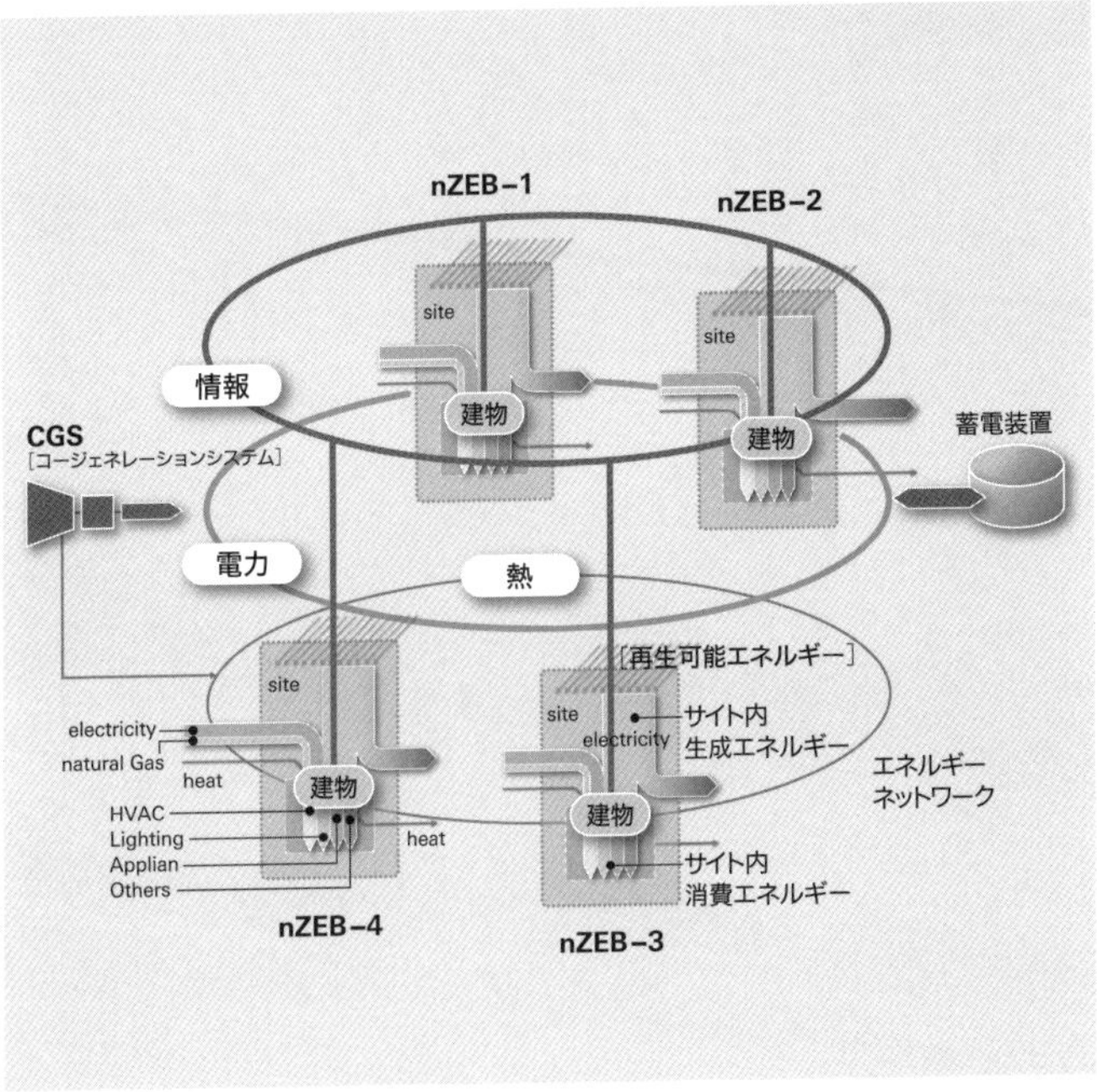

［**図6-4**］エネルギー自立型建築をつなぐスマート・エネルギーネットワークシステム
スマート・エネルギーネットワークシステムによって、まち全体のエネルギー需給バランスがとられる。

今朝早く、「二〇二〇年の夏季オリンピック・パラリンピック開催地が東京に決定！」という明るいニュースが届きました。マドリード、イスタンブールという強力な開催候補地を圧倒しての選出ということで、東日本大震災以後、将来を憂いたネガティブな話題が多かった日本にとり、再生を力強く後押しするポジティブなニュースとなりました。

本書の中でも、二〇二〇年あるいは二〇三〇年の都市像を考える機会がありましたが、五輪開催のおかげで、二〇二〇年に向けての具体的なビジョンが立てやすくなったのではないかと思います。東京をはじめ、日本の都市の将来を持続可能なものとするために、二〇二〇年に向けてこれから何をすべきか、何をしておかなければならないか、今後は活発な議論がなされるものと思います。

ZEB研究会（エネルギー自立型建築研究会）は、東日本大震災直後の社会情勢が深刻な時期に発足し、三年を経た本年、その初秋に期せずして東京五輪開催決定の明るい話題とともに、本書の出版にいたることができました。今後も、持続可能な建築・都市の具現化のために、何か新しい形で活動を継続し、社会に貢献していきたいと考えています。

本書の出版にあたり、ご支援とご協力をいただきました皆様に厚くお礼申し上げます。また、ZEB研究会と同時期に並行して活動を行っていた空気調和・衛生工学会／ZEB定義検討小委員会の諸氏からも貴重な助言をいただきました。この場をかりて謝意を表します。

最後に、二〇二〇年の東京五輪の成功と持続可能な社会の到来を祈念して、本書の結びとしたいと思います。

二〇一三年九月八日

丹羽英治

カラー口絵写真撮影

❖

Kouji Okamoto［Techni Staff］（奄美病院）

三輪晃久写真研究所（地球環境戦略研究機関）

村井修（トヨタ自動車　本館）

ナトリ光房［名執一雄］（総合地球環境学研究所）

オノスタジオ［小野俊次］（東北電力　本店ビル）

フォト・ビューロー［庄野啓］（関電ビルディング）

新写真工房［堀内広治］（日建設計東京ビル）

（株）川澄・小林研二写真事務所（泉ガーデン）

本文写真撮影

❖

photolibrary（p.015）

R.CREATION/SEBUN PHOTO/amanaimages（p.021）

Kouji Okamoto［Techni Staff］（p.029右上）

三輪晃久写真研究所（p.029左上）

フォト・ビューロー［庄野啓］（p.029右下）

新写真工房［堀内広治］（p.029左下）

伊藤剛（p.066）

SS東京（p.111写真4-2, p.115写真4-4）

三輪晃久写真研究所（p.025, p.115写真4-3）

新建築社写真部（p.023写真1-2, p.123）

（株）伸和（p.137）

［著者紹介］

丹羽英治［にわ・ひではる］

一九六〇年愛知県生まれ。名古屋大学工学部建築学科修了。

一九八六年日建設計入社、二〇〇六年日建設計総合研究所。

専門分野：建築・都市の環境・エネルギー計画と評価

主な業績：神戸関電ビルディング、UNEP国際環境技術センター、滋賀県立琵琶湖博物館、足利赤十字病院等の環境共生建築の計画・評価、大阪中之島地区の河川水利用エネルギーシステムの計画・評価など。

資格：博士（工学）、技術士（衛生工学部門）、一級建築士、設備設計一級建築士等

［寄稿］

田辺新一（早稲田大学理工学術院建築学科・教授）

［執筆協力］

大岡龍三（東京大学生産技術研究所・教授）

［執筆］

海宝幸一（日建設計）

関根雅文（日建設計）

林立也（日建設計総合研究所）

小池万里（日建設計総合研究所）

篠原奈緒子（日建設計）

進藤宏行（日建設計総合研究所）

エネルギー自立型建築

NSRI選書――001

発行日――二〇一三年一〇月二五日
監修・著――丹羽英治［NSRI：日建設計総合研究所］
編集――田辺澄江
アートディレクション――宮城安総
エディトリアルデザイン――佐藤ちひろ
制作協力――木村千博［NSRI］
カバーイラスト――川村易
印刷・製本――株式会社精興社
発行者――十川治江
発行――工作舎　editorial corporation for human becoming
〒169-0072　東京都新宿区大久保2-4-12-12F
phone: 03-5155-8940　fax: 03-5155-8941
URL: http://www.kousakusha.co.jp
E-mail: saturn@kousakusha.co.jp
ISBN978-4-87502-452-1